KECHUANG JIAOYU LILUN SIKAO
YU SHIJIAN TANSUO

科创教育理论思考与实践探索

刘绍家　著

·广州·

版权所有　翻印必究

图书在版编目（CIP）数据

科创教育理论思考与实践探索/刘绍家著. -- 广州：中山大学出版社，2025.6. -- ISBN 978-7-306-08437-8

Ⅰ.G40-05

中国国家版本馆 CIP 数据核字第 2025MX3549 号

出 版 人：	王天琪
策划编辑：	陈文杰　谢贞静
责任编辑：	陈文杰
封面设计：	林绵华
责任校对：	刘　丽
责任技编：	靳晓虹
出版发行：	中山大学出版社
电　　话：	编辑部 020-84110776，84113349，84111997，84110779，84110283
	发行部 020-84111998，84111981，84111160
地　　址：	广州市新港西路135号
邮　　编：	510275　　传　真：020-84036565
网　　址：	http://www.zsup.com.cn　E-mail: zdcbs@mail.sysu.edu.cn
印 刷 者：	广州小明数码印刷有限公司
规　　格：	787mm×1092mm　1/16　9 印张　214 千字
版次印次：	2025 年 6 月第 1 版　2025 年 6 月第 1 次印刷
定　　价：	48.00 元

如发现本书因印装质量影响阅读，请与出版社发行部联系调换

发明来源于生活中的观察和思考

从小学会创造

每个孩子生来就拥有创造的天性、创造的需要和体验创造成功的乐趣。创造力并非遥不可及，而是潜藏于每个人身上的普遍潜能。只要提供适宜的环境，鼓励探索与尝试，精心培育这种能力，创造就在我们身边，创造就在我们生活中。

一、发明并不神秘

发明创造并不是高不可攀的，其实，发明并不神秘，发明来源于生活中的观察和思考。什么是发明呢？就是创造新事物和新方法，或者对原有的事物和方法进行改进。创造发明的主要特点，就是具有新颖性和实用性。1972年，日本女孩流行穿一种裙子，这种裙子的拉链在背面，每次穿后要请人帮忙把拉链拉上，很不方便，有一个初一女生用一根细铁丝做了个小钩，在钩上连一根细线，就解决了请人帮忙的烦恼，这种"方便钩"曾获日本国家级发明专利三等奖，有个企业买下专利后，产品供不应求。

因此，发明创造要克服认识上的3个误区：①认为发明只是科学家才能做的事，普通人高不可攀；②认为发明创造是高新技术或是尖端科学范畴；③发明创造需要很多钱，需要很先进的设备。其实，进行发明创造可能不仅不要很多钱，还可能赚很多钱。

二、创造发明的几种方法

（1）逆向思考法。所谓逆向思考法是对已成定论的事物或观点反过来思考的思维方式，强调"反其道而思之"。它通过结果倒推问题根源，打破传统思维局限，主张从问题对立面或相反角度进行探索，以发现非常规的解决方案。比如，大家熟悉的司马光砸缸，当小朋友掉进水缸里后，大家都在想办法把人拉离水面，即让人离开水，司马光则改变常规，采用另一种方法，砸开缸，放掉水，让水离开人，这就是一种逆向思考法。

缝衣服用的针，它的穿线孔在尾部。有没有孔在头部的针？缝纫机针的孔就在头部。如果针的中间穿个孔，两头尖，有没有用呢？这种针可以用来绣花，它是一个三年级的小学生发明的，这个发明获得了国际金奖。

（2）组合发明法。组合发明法就是一种事物同其他几种事物结合起来，形成新产品新用途。例如，一个杯子和一块磁铁组合起来就成了磁化杯。现在广泛使用的铅笔，笔头配有橡皮擦，使用起来很方便，刚开始使用的铅笔，笔和橡皮擦是分开的，橡皮擦很容易丢失，有人就想到把橡皮擦和笔组合起来，并把橡皮擦接在笔尾上，就成了我们现在使用的铅笔。

（3）模仿迁移法。创造发明都是从模仿迁移开始的，由模仿迁移而进行发明创造的事例不少。例如，模仿鸟发明了飞机，模仿鱼而设计了潜水艇，研究蝙蝠利用超声波导航而创造了雷达。

我们知道，巍峨的高楼大厦、雄伟的桥梁都是由钢筋混凝土建造的。钢筋混凝土的发明者既不是建筑师，也不是化学家，而是法国一位种花的园艺师，名叫莫尼埃。人们发明了水泥后，就把它同黄砂、石子混合起来，制成混凝土。这种混凝土能承受一定的压力，但抗拉强度比较低，用它建造的建筑物不够坚固，房子最多只能盖两层。莫尼埃用这种混凝土做成的花钵也很容易破碎。有一天，他在观察植物的根系的发育情况时，发现其根在松软土壤里互相交叉，构成网状把土壤"抱成"一团，他从观察中得到了启示：如果在混凝土中加一些网状的铁丝，不就可以使花钵更结实吗？于是，他马上动手实验，果然有效。由此，他发明了钢筋混凝土。

（4）联想发明法。联想有3种，即：①相似联想；②接近联想；③对比联想。应用联想发明法，首先要善于掌握事物之间的共同之处和彼此之间的联系，从而引起联想，启迪自己的发明思路。

湖北省潜江市初中一年级宋书维同学，有一天在帮助妈妈给小鸡注射鸡瘟疫苗时，他想：为什么小鸡刚一出壳就要打疫苗，让它长大一点再打疫苗不行吗？他妈妈说，按照往常经验，鸡越小时打疫苗，效果就越好。宋书维同学便产生了接近联想，如果给鸡蛋"打"疫苗，效果不是更好吗？他把这个想法说给老师听，不仅得到了老师的鼓励和表扬，老师还帮助他进行实验。

他们准备了一个电热箱，选100个鸡蛋并分成三组，其中一组在孵化

到 18 天即鸡胚开始用肺呼吸时，进行疫苗处理，第二组待鸡出壳后进行疫苗处理，第三组不进行疫苗处理。在小鸡生长的过程中，曾两次人为让鸡感染鸡瘟病毒，也就是把病鸡放在这三组鸡中。一年后的实验结果是，第一组的成活率为 100%，第二组的成活率为 78%，第三组的成活率为 0。通过一年的实验、观察、记录，他们最后写成一篇实验报告《鸡胚胎免疫实验报告》，获国家优秀项目一等奖、美国 IEJ 基金会"逢金奖"，中央电视台还进行了专题报道。

除了以上所举的 4 种发明方法，还有缺点列举法、类比发明法、综合优点法、挖掘潜力法、希望探求法、设问法、移植法等发明方法，在此就不一一展开叙述了。

总之，只要我们细心观察周围事物，善于发现问题，独立思考，大胆想象，不墨守成规，敢于自己去实验，去制作，现在能做个小发明家，长大也可能成为一位伟大的发明家。

目　　录

第一章　科创教育理论研究 …………………………………………………… 1
　　第一节　科创教育发展历程探究 …………………………………………… 1
　　第二节　科创教育理论模式思考 …………………………………………… 4

第二章　科创教育活动设计 …………………………………………………… 7
　　第一节　科创活动的系列目标 ……………………………………………… 7
　　第二节　科创活动的指导原则 ……………………………………………… 9
　　第三节　科创活动的基本做法 ……………………………………………… 9
　　第四节　学会小发明 ……………………………………………………… 10
　　第五节　理解小实验 ……………………………………………………… 29
　　第六节　解析小制作 ……………………………………………………… 32
　　第七节　撰写小论文 ……………………………………………………… 39

第三章　科创教育案例分析 …………………………………………………… 47
　　第一节　小发明示例 ……………………………………………………… 47
　　第二节　小制作样本 ……………………………………………………… 54
　　第三节　小实验展演 ……………………………………………………… 55
　　第四节　小论文示范 ……………………………………………………… 58

第四章　科创教育实践活动设计 ……………………………………………… 79
　　第一节　趣味、简便、生活化的大气压实验探究活动 ………………… 79
　　第二节　珍爱生命、健康成长——"四爱"科技实践活动 …………… 102

第五章 科技创新竞赛项目案例 109

第一节 青少年科技创新成果竞赛项目研究报告——绿色环保烤烧炉 109
第二节 科技辅导员科技教育创新成果竞赛项目（科技制作）研究报告
——平抛运动实验仪 112

第六章 撰写专利申请文件案例 119

第一节 实用新型专利申请文件 119
第二节 外观设计专利申请文件 125
第三节 发明专利申请文件 126

第一章 科创教育理论研究

第一节 科创教育发展历程探究

随着科技进步的日新月异和国际竞争的日趋激烈,科技创新教育已越来越被世人所瞩目。培养具有创新意识、创新精神和实践能力的创造型人才已成为教育教学所追求的理想目标。

 一、国内外创造教育研究综述

创造教育作为一种教育理念,其历史源远流长;作为一种理论,包含了丰富的内涵。寻根溯源,探究创造教育的思想脉络,厘清科技创新教育的发展历程,有利于深入开展科创教育的研究与实践。

在我国,早在两千多年前,伟大的教育家孔子就提出了启发思维、学思结合的教学原则,即不愤不启,不悱不发。他说:"学而不思则罔,思而不学则殆。"

墨子十分重视创造性教育,他主张古之善者则述之,今之善者则作之,欲善之益多也。

孟子提出要敢于质疑的教育思想,主张学习要有独立思考和独立见解。他说:"尽信书,则不如无书。"

唐代的韩愈主张独立思考与创新,不能尽信书本的思想。他说:"师其意,不师其辞。"

明代陈献章提出"学贵有疑"的教学思想。他说:"学贵知疑,小疑则小进,大疑则大进。"

清代的黄宗羲主张"学贵独创"精神,他认为,学贵在创新,提出独立见解,反对墨守一先生之言。

在国外,上至古希腊苏格拉底(约公元前469—公元前390年)、柏拉图(公元前427—公元前347年)的教学思想,下至近现代教育家的教学理论,都不乏富有创造性的教育思想。

近代教育理论的鼻祖捷克教育家夸美纽斯(1592—1670年)认为,教学应当燃起学生的求知渴望和学习热情。

德国教育家第斯多惠（1790—1866年）指出，不好的教师是奉送真理，好的教师是让学生去发现真理。

日本的加藤与五郎教授于1942年在《创造四原点》一书中提出：要树立日本化的科学技术，就一定要靠日本人自己来创造。

19世纪下半叶到20世纪初，人们开始对创造性天才进行研究，并逐渐认识到创造力并不是少数天才所特有的禀赋。

20世纪40年代，创造教育进入了对创造思维的分析研究阶段，美国的克劳福特提出了各种创造性思维方法。创造学鼻祖美国奥斯本把杜威的创造教育思想付诸实践并发扬光大，提出了著名的头脑风暴法和智力激励法。

同一时期，我国教育家陶行知先生也对创造教育进行了系统的研究，并发表了一系列论著。陶行知先生在教育实践中提出：处处是创造之地，天天是创造之时，人人是创造之人。同时，他还提出了3点富有创见的主张：①先生的责任不在教，而在教学，而在教学生学；②教的法子必须根据于学的法子；③先生应该一面教一面学。

从20世纪50年代至70年代，人们逐步对创造教育的研究形成共识。美国心理学家吉尔福特发表了著名的《创造性》演讲，将创造力这一概念引入科学研究领域，从此，对创造力的研究及创造教育全面展开，创造力培养作为教育的目标成为人们的共识。

20世纪80年代后，创造教育的研究逐渐正规化、体系化和机构化。美国、日本、英国、德国和瑞士等国家都建立了创造教育研究中心和基金会。创造教育不仅是21世纪中国教育改革的主旋律，而且是世界各国教育改革的主旋律、大目标、总趋势。

二、近40年来我国科技创新教育发展的三个阶段

我国科创教育的实践与探索，近40年来经历了三个不同的发展阶段。

第一阶段以"五小"活动为标志，形成科技创新活动氛围，是科创教育的开端。

第二阶段以"增开实操课、设置科技节"为标志，实现科创活动方式上的提升及内容上的拓展。

第三阶段以时任总理李克强考察深圳"柴火创客空间"时提出的"双创"为标志，全国多地掀起探索"创客教育"的热潮，学校纷纷设立科创实践室。

三个不同的发展阶段，不是人为的刻意划分，而是在不断地从研究到实践的过程中自然形成的，每个阶段都真实地反映了其探究思路和行进历程。

1. 第一阶段："五小"活动为学生播下科技创新的种子

学校按照"大目标、小活动、成系列"的整体思路，开展以"小发明、小创造、小实验、小制作、小论文"为主的各种课外科技活动，组织学生在活动中动脑动手，发明创新。

尤其在小发明、小创造活动中，运用缺点列举法、希望呈现法、系统设问法、联想拓展法、组合创新法、逆向思考法、移植改造法、仿效生物法、原型启发法、专利查阅法、模仿迁移法等发明方法，根据青少年已有的科学技术知识和实际能力，在日常学习、生活和劳动中，对那些感到不方便、不称心的事物，加以改进和创新，生产出具有教育价值、社会价值和经济价值的产品，从而培养学生爱科学的兴趣、学科学的习惯和创造发明的技能，获得了较好的效果。卓有成效的"五小"活动，使部分学生科技发明的能力和兴趣得到了全面提升。学生踊跃参与机器人小组、航模小组、发明创造小组等活动，并在各种竞赛中获得奖项和荣誉。

总结"五小"活动实践，既有辉煌的累累硕果，也存在认知上的偏差和行动上的盲区。在认知上的偏差主要表现为，对科创教育的认识还集中在英才教育的理念上，重结果，轻过程，功利性较强，追求的目标往往只局限于发明成果能获得奖项上。在行动上的盲区则表现为，科创活动的方式方法单调贫乏，科创氛围不温不火，师生参与的热情不高，等等。

2. 第二阶段：增开实操课、设置科技节，拓展科创活动内容和空间

增开实操课、设置科技节，是在"五小"活动的基础上，不断总结和反思、充实和提升，逐步形成的。具体活动如下：

（1）实操课为手工制作课、木工坊和陶艺创作课等。具体包括设置实操课的课程目标，制定教学大纲，编写校本教材，设专任教师、专用科技活动教室和设备等。通过实操课，学生可以学习常用工具的使用方法，制作科技作品，丰富科技教育内容，激发创新精神，陶冶审美情操。

（2）在为期一周的科技节里，师生动手动脑，实践创新，通过一些展示和比赛，总结一学年来的科创教育经验和成绩，评比优秀科技作品和科技"小星星"，表彰科技创新优胜年级、科技活动优秀班级和优秀科技辅导员，促进科技活动的拓展和深化。

3. 第三阶段：多地掀起探索创客教育的热潮，纷纷建立创客实践室

2015年1月4日，时任总理李克强考察了深圳"柴火创客空间"，提出了"双创"。随后，多地开始探索创客教育、编写创客教材和开设创客课程，学校建立科创实践室，政府及有关部门举行多种形式的创客活动。这对科创教育起到了极大的推动作用。

在这一阶段，由于科创教育不属于中考高考内容，因此有部分学校认为科创教育是可有可无的教育，拒绝开展科技活动。科创教育作为闪闪发光的特色项目，发展到今天，似乎已进入倦怠期，原地踏步有力，进步气势不足。因此，我们认为，只有将科创教育思想融入每位教师的教育理念中，让教师和学生人人都成为科创教育的实践者和受益者，才是全面实施科技创新教育的理想状态。

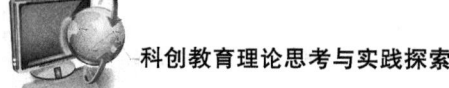

具体认识如下：

（1）科创能力，它既不是某些资优生的特权，也不是个别特长生的专利，更不是高不可攀的，每个孩子生来就有创新的天性。教育的根本目的是释放每个孩子的创新潜能，因此科技创新教育，一定要面向全体学生。

（2）创造不一定是像模像样的成品，也不一定是能获专利的发明，对于学生而言，创造或许就是首次发现、二度再造、合作设计或灵感想法。创造不一定是全新的，但一定是学生全新的过程体验。

学生在学科课程、拓展课程、校本课程的学习中，所表现出来的有创新的提问、有创新的解答、有创新的方法、有创新的思路、有创新的实验、有创新的作业等，都应该是创造发明。

（3）有人认为，精心打造几个小发明家，刻意追求在赛事中获奖，这与科技创新教育的根本目的背道而驰，是不值得提倡的功利性行为。应该取消赛事活动，专注于面向全体学生，培养每位学生的创新精神和实践能力。

"专育几棵树，放弃一片林"的功利性做法显然不对，但在面向全体学生的过程中，对于脱颖而出的优等生，因材施教，让他们释放更大的潜能，争取获得大奖或专利证书，以增强学生的荣誉感和自信心，也不是坏事。因此，在科技创新教育中，我们应该争取竞赛成果与全体发展双丰收。

（4）素质教育要以培养学生的创新精神为核心。创新精神是指人在创造活动过程中表现出来的精神状态，即某些与创新活动密切相关的优良品质，如创新志向、创新意识、创新性格、创新意志与创新情感等。以创新精神为核心的观念，应逐步成为每一位教育工作者的教育观念，并成为其自觉行动。

（5）科技创新教育应突出"创新"二字，就已开展的小发明、小创造、小实验、小制作、小论文这"五小"活动，应把小发明、小创造作为科创教育的重头戏来打磨，优化形成一条行之有效的发明创造活动新路子。

（6）科技创新教育如果游离于常规教学之外，就称不上真正意义的科创教育。必须将科创教育的目标内化到学校的课堂教学之中，也就是说，科创教育的实施必须走进课堂，并贯穿于常规教学的始终。

第二节　科创教育理论模式思考

科创教育的深入实践，不仅要依靠各种活动和竞赛来推动，还要有科学的常规教学来支撑，实行课内课外统筹策划，同步跟进。形成"全体发展与个性发展并重、学科课程与活动课程共存、学生进步与教师进步同时"的科创教育模式，构建课堂内外、联动融合的科创教育新格局，谋划更为适宜和富有创造性的学校教育环境，完善科创教育的品牌模式。

第一章 科创教育理论研究

一、科创教育渗透在学校教育的核心领域

在常规教学中，实践科技创新教育是一种对创新最本质要素的触动，它标志着科技创新教育真正扎根于学校教育的核心环节，让科创教育在学校全面开花，全方位渗透。

1. 打造创新型教师群体

积极探索创新型教师的培养机制，营造有利于创新型教师成长的环境，让教师人人都成为科技活动的辅导员，个个都是科创教育的实践者。这些措施包括：研发校本课程引领教师创新，采取以多种措施营造创新型学校文化，积累和展示教学中创新教育案例和经验总结，进行课堂教学质效案例分析，收集并分享常规教学中备、教、改、辅、考、评等各个环节的教师和学生的偶现灵感、有创新的实验、有创新的提问、有创新的解答等。

鼓励教师在教育教学实践中，不断探索科创教育的新方法、新途径，积极优化科创教育模式，创新智慧课堂。还可以在学校举行教师创新创意大赛，内容为常规教育教学中的智慧火花竞赛、日常生活和工作中的发明灵感竞赛、自制教具竞赛、科技论文竞赛等。

2. 建设充满灵性、富于智慧、蕴含创新教育的常规课堂

创新型课堂不是一种超脱于一般课堂教学之外而独立存在的课堂教学模式，而是一种既包含一般课堂教学常规，又有助于提升学生创新能力的课堂教学过程。

一堂真正的优质课，必然注重学生的主体地位，突显学生的个性发展，实现接受性学习、验证性学习与探究性学习相结合的教学方式。教师要保护学生的好奇心，激发学生的求知欲，宽容学生犯的错误，鼓励质疑，善于捕捉稍纵即逝的创新点，积极挖掘培养创造力的成分，将对学生创新性思维的培养贯穿于教学始终。蕴含创新教育的课堂，才可能是高质量的课堂。

二、开创常规性、常态化的科技活动辅导模式

开展科技小发明、小创造活动，不是"一阵风""一阵子"，也不是少数学生、个别社团的专属任务，而应成为全校师生的一项常规性工作。

基于此，对小发明、小创造活动进行实质性的专题研讨，通过大面积科技创新活动辅导讲座、布置科技作业、小组辅导、个别指导、典型示范、重点展示等形式，形成系统性规范化的科技活动辅导模式。

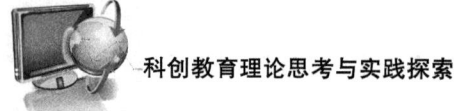

1. 大面积科技创新活动辅导讲座和布置科技作业

讲座目的：激发学生强烈的创新意识和发明欲望。

参加讲座对象：小学四年级及以上的学生。

讲座主题：发明并不神秘，发明就在我们身边，发明就在我们生活中，发明来源于生活中的观察和思考。

讲座内容：介绍发明技法、学生发明的典型案例，介绍发明、实用新型和外观设计等三类专利的特征及申请文书的撰写方法。

寒暑假布置课外科技作业：收集学生日常生活和学习中的发明灵感和智慧火花。

2. 针对性的小组辅导和个性化的个别指导

教师在批阅学生科技作业的过程中，要先发现学生有意义的创新点，再进行有针对性的小组辅导和个别指导，帮助其修改完善，拓展升华，整理成有价值的科技发明文书，并辅导学生动手动脑，将小发明做成实物或模型。

3. 丰富多彩的典型示范和重点展示

对于优秀的科创作品，让学生在青少年科技创新大赛中，展示作品的发明过程和有益效果；在发明作品的常规性展示中，展示作品的结构工艺和手工技巧；在科技节目表演中，展示作品的知识性、趣味性、新颖性和科技感；将学生的获奖作品编辑成册作为校本教材，示范发明技法，引领书写文本。

此外，还可以在学校的条幅橱窗、板报专栏里，展示学生的科技作品，滚动播放活动视频。

三、在科技节和赛事活动中增强师生的成就感和自信心

在一年一度的科技节活动中，通过开展学生科技作品展示、趣味小实验、科技成果竞赛和科学表演等活动，举行教师科技创新创意大赛，吸引师生全员参与，设计应用一些低成本的科学实验器材，引导学生学会观察生活中的科学现象来进行科学研究或参与科技活动，激发更多的思考和兴趣，全方位培养师生的科创素养和实践能力。

首先，在学生的科技作业中，发现学生的发明灵感和智慧火花；其次，经过专业检索后，向国家知识产权局申请专利，做成实物和模型；最后，参加教育部指定的赛事活动，获得荣誉和证书。这些方式可以增强学生的成就感和自信心。

在科技创新教育的实践中，不断探索科创教育的新方法、新途径，积极优化科创教育新模式，在编写科创教材、实施科创课堂、组织科创赛事、成立科创社团、开展科创活动等方面进行全方位的创新研究，走出一条便于操作、实用性强、相对成熟的科创教育新路子，力争让教师人人成为科创教育的专家，学校成为科技创新教育的典范。

第二章　科创教育活动设计

第一节　科创活动的系列目标

"四小"活动即以小发明、小实验、小制作、小论文为主的各种课外科技活动。学生在各种活动中动脑动手，发明创造出具有教育价值、社会价值和经济价值的产品，从而培养学生爱科学的兴趣、学科学的习惯和创造发明的技能。

"四小"活动着重培养学生的创造性思维以及初步的创新实践能力，就其目标理念而言，可以分为三个层次：①提升创新乐趣；②增强创新意识；③养成创新习惯。这三个层次无论从逻辑上还是实践上都呈现一种递进的关系，即从乐趣到意识再到习惯的一种渐进式的发展规律。而这三个层次在办学过程中的实践，又贯穿于学校创新教育课程实施的全过程之中。

在创造思维培养的问题上，我们认为：凡是对学生而言是全新的、未曾发现或意识到的，由学生自己通过一定的学习和实践而获得的认知或体验，都是一种创造性思维的发展。就全体学生而言，在创造方面我们并不单一地追求横向层面的比较，即并不要求每位学生都能在某个领域内处于领先水平，而侧重的是对于自我的一种提高和超越。基于这样的认识，我们在实践中把对学生创造性思维的培养作为创造力发展的核心。

我们认为，青少年有自发的探索愿望，但是其创造力的发展仍有需要营造一种良好的环境。这个环境主要是指学生所处的并积极参与活动的生活圈，其中主要是人与人之间的关系与影响。学生本身具有创造的潜能，这是事物发展的内因，而环境是事物变化的外因。这个环境不能由学校、教师创设好后交给学生，而是师生共同参与环境的创设、改造，使之有利于创造力的发展。

创造力包括"特殊才能创造力"和"自我实现创造力"。基础教育必须立足于基础，着眼于普及。当然，对一些尖子学生可能蕴藏着的"特殊才能创造力"也不可忽视。有时，在培养"自我实现创造力"的过程中也孕育了"特殊才能创造力"的培养，两者并不矛盾。

一、在小发明活动中培养学生的创新能力

通过开展小发明活动，营造科技创新氛围，发掘潜力，培养志趣，学生的聪明才智有更多的机会得到施展，获得成功的体验，从而产生寻求知识、学习技能的欲望和进取心，激起学习的内在动机。学生的思维被激活以后，就有了各种各样奇妙的发明创造构想，就有了要将自己的发明创造构想实物化的强烈欲望。

在小创造活动中，让学生积极开动脑筋，展开丰富的想象，对所学的知识进行创造性的加工，形成各自独特生动而具体的见解，把一般性思维升华为创造性思维，从而培养学生的创造意识、坚持不懈的意志，鼓励求异思维，大胆创新，养成良好的创造素质。促进学生主动学习，培养学生发现问题和解决问题的能力，从而提高学生创造性的思维能力。

 二、在小制作活动中培养学生的动手能力

在小制作活动中，学生通过折纸、贴画，培养对物体的空间想象能力，锻炼手指的灵活性；通过剪纸、编织和陶艺，发展创造能力，体会创新的快乐。在航模和小机器人活动中，让学生用自己灵巧的双手精心组装出舰船、战机、汽车和小机器人等，精密的组装工艺保证了参赛模型的良好性能，锻炼了学生的动手能力；通过模型、工艺品、废品利用、实用生活用品的小制作和各种研究活动，培养了学生解决实际问题、动手实践的能力。

 三、在小实验活动中培养学生的实践操作能力

在开展生物、化学和物理实验兴趣活动中，带领学生在完成课堂上要求的演示实验的基础上，利用每周的兴趣活动时间和课外时间，拓宽实验范围，增加实验内容，常年开展小实验活动。同学们通过每一次重复实验，加深对知识的理解；通过每一次新的实验，开阔新的视野。坚持不懈的小实验活动，培养了一大批爱好实验，对自然科学具有浓厚兴趣的学生。

 四、在小论文活动中培养学生的思辨能力

通过观察、调查、实践、分析、研究和讨论，以个人或小组的形式，完成一篇结构合理、逻辑缜密、思路清晰的小论文，这个过程将大大提高学生的创新能力，培养其科学思维，训练其科学行为。

第二节 科创活动的指导原则

科创活动是培养学生的创新精神、科学思维和培养科技人才的重要途径，在科创活动中，如何发掘学生的创新潜能，激发学生的创新兴趣，是教育工作者面临的重要课题。开展学生科技创新活动的四项指导原则如下。

（1）开放性原则。人人都具有创造潜能，小发明人人可为，关键在于开发。因此，面向全体，人人参与，允许模仿，坚持不懈。对作品进行开发、创新，鼓励从多方面、多角度，从众多的革新方案中寻求最佳，量中求质。

（2）平等原则。凡参加活动者，人人平等。互相信任合作，让学生自由讨论，畅所欲言，充分调动学生创新的积极性。

（3）激励原则。鼓励学生敢想、敢说、敢干，鼓励学生标新立异，敢于首创。对学生的创新设想，即使不成熟、不完善，也不一概否定，而是引导学生自己分析，在分析中辨明对错，不挫伤学生的积极性。

（4）因材指导原则。要因材指导，对先进者着重从宏观和整体加以启发、点拨，对后进者，多鼓励、多启发，进行具体而耐心的辅导，使每个学生的创造性思维和创新能力都有所发展。

第三节 科创活动的基本做法

通过开展"四小"科技创新活动，培养学生对科学的兴趣，增强学生的科学意识，发挥学生的科技创新潜能，丰富校园生活，营造科技创新、发明创造氛围，为学生展示其聪明才智提供良好的平台。

 一、营造科创活动氛围，激发发明创造兴趣

根据学生的不同情况，辅导科技创新兴趣小组活动，如在组内组织学生进行小制作、小观察、奇思妙想、创新方案设计、讲科学家发明家的故事等活动，以此来激发学生的兴趣，营造创新氛围。引导学生在丰富多彩的实践活动中发现问题、研究问题、解决问题，在探索过程中获得实实在在的收获，让学生体验到处处是创造之地，时时是创造之机，以幻想为快乐，以创造为光荣的发明乐趣。

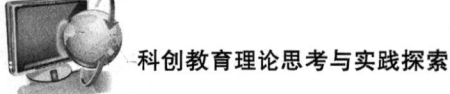

二、介绍发明创造技法，指导创造实践

常用的创造技法有十一种。结合创造技巧，开拓学生思路，产生大量创新设想，然后量中求质，寻找最佳方案。让学生学会运用所学的发明创造的方法和科学知识，巧妙解决自己生活中遇到的难题。

三、多种形式结合，指明发明创造方向

受年龄和知识掌握等方面的限制，学生在进行发明创造时最难的是找到优秀的发明课题。教师在引导学生时应根据自己对发明作品的了解，引出问题或创设情景，促使学生积极参与，帮助其找到突破口。

四、注重发散思维训练，激活创造思维

有目的、有计划、有步骤地进行创造性思维训练。训练的形式包括集中训练和分散训练。通过训练，学生可以掌握充分发挥想象力，突破原有知识圈，产生新设想的扩散思维方法。通过分析、比较、推理等手段，寻找最佳或唯一正确答案。集中思维方法，打破常规，多方联想，激活创造思维。

五、消除畏难情绪，树立发明创造信心

受各种条件和能力的限制，发明创造对于学生来说，是比较困难的。因此，一定要采用多种形式帮助学生消除发明创造高不可攀的畏难情绪，树立别人能做到我也能做到的坚定信念。启发学生注意观察身边的事物，从学习、劳动和生活中寻找课题，然后鼓励他们进行大胆创新和发明。

第四节　学会小发明

每个学生生来就具有创造的天性，有创造的需要，能体验创造成功的乐趣，现代教育的根本目的，就是为了释放每个学生的创造潜能。只要充分挖掘、积极发展这种潜能，发明就不神秘，也并非高不可攀。创造就在我们身边，创造就在我们的生活中。

一、小发明的主要特点

小发明不同于大发明，它是青少年基于已有的科学技术知识和实际能力，在日常学习、生活、工作和劳动中，对那些感到不方便、不称心的东西，加以改进和创新。因此小发明是实用、新型的身边科学。

全国青少年科技创新大赛对科技发明的主要项目作了明确规定：①发明是指一切具有新颖性、先进性和实用性的科技成果；②改进和革新是指对原有物品的形状、构造或其他方面提出的改进技术方案；③新品种是指人工培育的动植物新的品种；④发现是对前所未知的事物、现象及其规律的揭示。

了解发明创造的特点，是取得发明成功的前提。小发明的主要特点包括以下五点。

（1）新。小发明是首创前所未有的事物，首创新的制作办法，而不是仿制、复制原来已有的东西，这是最主要的特点。改进是不是发明？只要通过改进使作品有新的实用功能或新的使用方法，也是一项发明。因此，小发明不同于一般的科技小制作。

（2）小。所谓"小"，是指：①搞小的发明，而不是去搞那高深尖端的、难以办到的科研项目的大发明；②不脱离青少年年龄小、知识量小及经费有限等实际。

（3）实用性。搞小发明的目的是为了解决学习、生活、劳动中的实际问题，是为了应用方便，其作品要有实用价值、经济效益和社会效益，而不只是供人观赏，实用性不高。

（4）科学性。小发明的构思、设计、制作和成果一定要符合科学道理，也不能有损于健康和道德。

（5）科学技术范畴里的创造发明。文学、音乐、舞蹈、美术的创作，除演奏乐器、操作工具的发明外，均不属于科学技术范畴，因此不是我们这里所说的小发明。

只有同时具备了上述五个特点，才称得上是一项小发明。总之，小发明并不神秘。小发明创造的课题广泛，只要能细心地观察周围的事物，应用发明技法，善于发现问题，独立思考，大胆想象，动手实践，就能取得发明创造的成果。

二、小发明的十一大技法

所谓技法就是技巧和方法。技巧是人们经验的总结和提炼，它有助于减少尝试与错误的任意性，节约解决问题所需的时间，提高解决问题的成功概率。在发明创造的过程中，可以运用以下技法。

1. 瑕疵罗列法

瑕疵罗列法就是通过发现、发掘事物的缺陷，把它的具体瑕疵一一列举出来，然后，针对这些瑕疵，设想改革方案，进行创造发明。

瑕疵罗列法是一种行之有效的发明技法。因为任何事物都不是十全十美的，总是有优点和瑕疵。或者，今天看起来没有瑕疵，但是过了一段时间，它的瑕疵就暴露出来了。为什么事物总是有瑕疵呢？

（1）局限性。设计产品时，设计人员往往只考虑产品的主要功能，而忽视其他方面的问题。例如，厨房里使用的锅，烧煮食物很方便，这是它的主要功能。但是，当用它烧煮汤、羹类的东西时，就暴露了它的局限性，因为锅的上口太宽，不便倒入小碗。于是，有人根据这个缺点，设计了"茶壶锅"。这种锅的外形很别致，它把上口宽的锅与倒水方便的茶壶巧妙地结合在一起，似锅似壶，一物多用，尤其适合烧煮面食之类的食物。

（2）时间性。有的产品刚发明时，很好看、很好用，但过些时候，看厌了，就不好使了。或者，随着科学技术的进步，它落后了。例如，日本商人酒井靠发明玩具小狗而发家。但是，人们看久了，便没有新鲜感了。有个个体户便想出一篮双狗的主意。他把两只这样的小狗并排放在塑料小篮中，小狗的前肢搭出篮缘，姿态可爱。这个简单的创意夺了酒井的生意。再如，热水瓶。原先人们总是用锅烧开了水，再倒进热水瓶中。随着科技进步，现在可以用电热器直接对热水瓶里的水加热，更方便了。

使用瑕疵罗列法，并无十分严格的步骤，一般可按如下程序进行。

（1）尽量列举一事物的瑕疵，需要时可事先广泛调查研究征集意见。

（2）将瑕疵加以归类整理。

（3）针对所列瑕疵逐条分析，研究其改进方案或能否缺点逆用、化弊为利。

例如，对现有的雨衣作瑕疵列举：①胶布雨衣夏天闷热不透风；②塑料雨衣冬季变硬变脆容易坏；③穿雨衣骑自行车上下车不方便；④风雨大时，脸部淋雨使人睁不开眼，存在安全隐患；⑤雨衣下摆贴身，雨水顺着下摆容易弄湿裤腿与鞋；⑥胶布色彩太单调，无装饰感；等等。

针对这些瑕疵可提出许多改进方案。例如，采用新材料使塑料雨衣不脆不硬；在雨帽上加一副防雨眼镜或眼罩；增加胶布的色彩；分别设计男、女、老、少不同式样的雨衣；增加防止弄湿裤腿的设计；设计穿着方便的雨衣等。

只要我们处处留神，时时观察，产品的瑕疵是不难发现的。应用瑕疵列举法进行创造发明的要领如下。

（1）敢于质疑，发现瑕疵。人都有惰性，"初看是个疤，久看成了花"，对于习惯了的事物，人们往往不容易，甚至不愿意去发现它的瑕疵。例如家用的小铁铲，祖祖辈辈已经使用几十年，人们认为它的结构是天然合理的，常常看不到它的瑕疵，即使看到了，也认为就是这个样。

而山西太原市的中学生王刚，突破人们思维的局限，善于发现，敢于质疑，大胆革新。他说：我家有把小铁铲，用来铲垃圾或蜂窝粉等。铁铲铲了东西后不容易端平，于是小铲里的东西常常往下掉，总是铲不干净。有时，用手或扫帚压住铲里的东西，拿着又很别扭。铁铲的缺点被王刚发现了，他选准了发明点，进行设计、实验，

发明了不易掉东西的小铁铲。

（2）调查研究，寻找瑕疵。对于产品我们不可能件件都使用过，而使用过这些产品的人，对产品的优点、缺点是最清楚的。因此，我们要到最有发言权的使用者那里去听取意见，并亲自体验，了解缺点的症结所在。

日本有个名叫鬼冢喜八郎的人听一位朋友说："今后体育要大发展，运动鞋是不可缺少的。"于是，他决定跨入生产运动鞋这一行业。他想，要在运动鞋制造业中打开局面，一定要做出其他厂家没有的新型运动鞋；任何商品都不是完美无缺的，如果能抓住哪怕针眼大的小缺点进行改革，也能研制出新产品来。

于是，他便选了一种篮球运动鞋进行研究。他先访问优秀的篮球运动员，听他们讲述目前篮球鞋的缺点。在访问中，几乎所有的篮球运动员都说，现在的球鞋容易打滑，止步不稳，影响了投篮的准确性。他还和运动员一起打球，亲身体验了这一缺点。于是，他围绕打滑这一缺点进行革新。

有一天他在吃鱿鱼时，忽然看到鱿鱼的触足上长着一个个吸盘。他想，如果把运动鞋底做成吸盘状，不就可以防止打滑了吗？于是，他就把运动鞋原来的平底改成了凹底。试验结果表明，这种凹底篮球鞋比平底的篮球鞋在止步时要稳得多。鬼冢喜八郎发明的这种新型的凹底篮球鞋，逐渐取代了其他厂家生产的平底篮球鞋，成了独树一帜的新产品。

（3）做好记录，不忘瑕疵。发现瑕疵，并不意味着马上就能搞出发明，有时要等待很久，靠联想或灵感想出一个发明。因此，做好记录，随时备查是很重要的。科学家们常说，最淡的墨迹胜过最好的记忆。这话是千真万确的，是经验之谈。就是说，记录能帮助记忆。此外，发明者对物品所列举的瑕疵不可能都是很成熟的观点，不一定都能演绎成发明命题。然而，记录得多了，发明选题的灵活性提升了，设计成熟方案的可能性就增加了。

日本有一位名叫斋藤的卡车司机，习惯于做记录。一天行车途中，因汽油用完而向过路的汽车索油。当时，他没有抽油的工具，只得对着橡皮管用嘴吸。人在途中，不可能就去研究发明方案，他便做了记录。事隔很久，他看到了这条记录，又联想到在橡皮管上安上一个泵就可以代替嘴吸。后来，他发明了输送汽油的蛇管泵，并因此获得了发明奖。

（4）集体智慧，讨论瑕疵。召开一次瑕疵列举会，会议由 5～10 人参加，针对某项事物，选择一个需要改革的主题，让与会者围绕此主题尽量列举各种瑕疵，愈多愈好。从中挑选出主要瑕疵，并针对这些瑕疵制订出切实可行的革新方案。

2. 希望呈现法

希望呈现法是指发明者将人们提出来的种种希望，呈现归纳，沿着所提出的希望达到的目的，进行创造发明的方法。

希望呈现法是从人们的理想和需要出发，通过提出种种希望来形成创新目标和新的创意，进而产生出趋于理想化的创新产品。希望呈现法不同于瑕疵列举法，后者是围绕现行物品的缺点提出各种改进设想，这种设想不会离开物品的原型，因而是一种被动型创造发明方法；而希望呈现法是根据发明者的意愿提出各种新的设想，它可以不受原有物品的束缚，想象空间大，臻美的标准高，是一种积极、主动型创造发明方法。

希望呈现法能够在较短的时间里让大家通过发散思维、求异思维、横向思维等思维方法去发现问题和提出问题。有意识地使用希望呈现法，可以摆脱思维惰性，突破事物的旧框框，提出新点子，通常情况下还会使人产生新奇的设想。

例如，有人提出，希望发明一种定时安眠药，在疲劳时，可以让你安稳地休息片刻，然后定时醒来，继续工作，而且无副作用。由于这种设想现有产品不具备，因此它常用于新产品的开发上。

再如，在研制一种新的服装时，人们提出的希望有：不要纽扣，冬暖夏凉，免洗免熨，可变花色，不仅两面都可以穿，而且胖瘦也可以穿，重量轻，脱下来可作提物袋使用等。现在，这些愿望大多数都在日常生活中变成了现实。

希望呈现法实施的三个步骤如下。

（1）激发和收集人们的希望。召开希望设想会议，发动与会者围绕某一主题列举出各种改革的希望。例如，人们希望洗衣机更省心、更便捷，于是就有人发明了全自动智能洗衣机；人们希望走路时也能听音乐，于是就有了"随身听"；人们希望上高楼不用爬楼梯，于是就发明了电梯；人们希望像鸟儿一样在天空翱翔，于是发明了飞机；人们希望像鱼儿一样在水中遨游，于是发明了潜水艇；人们希望冬暖夏凉，于是发明了空调等。

（2）仔细研究人们的希望，将各种希望进行整理呈现，以形成有意义和目前能实现的希望点。例如，希望雨伞具有如下特点：①不易被大风吹起；②伞边不往下滴水；③伞尖不扎人；④用完后雨水自动消失；⑤不需要用手举起；⑥具有播放音乐的功能；⑦张开时能给过往车辆发出警示等。其中，相对容易实现的希望点是：伞尖不扎人、伞边不滴水、具有播放音乐和发出警示的功能。对此，可以组织实施，做出样品并不断改进。在此基础上，还可以申请专利、参加创新大赛等。

（3）以希望点为依据，创造新产品以满足人们的希望。例如，有一家制笔公司用希望点呈现发明法，列出了一批改革钢笔的希望：希望钢笔出水顺利，希望绝对不漏水，希望一支笔可以写出两种以上的颜色，希望不沾污纸面，希望书写流利，希望能粗能细，希望小型化，希望笔尖不开裂，希望不用补充墨水，希望省去笔套，希望落地时不损坏笔尖，等等。这家制笔公司从中选出"希望省去笔套"这一条，研制出一种像圆珠笔一样可以伸缩的钢笔，从而省去了笔套。

应用希望呈现法进行创造发明的要领如下。

（1）此处的希望是指社会的希望、大众的希望。因此，我们要向社会、向大众了解他们的希望是什么。例如，有位假肢厂的工程师，设计了一种功能颇多、能伸到几米以外的假肢，却不能得到残疾人的认可，因为残疾人的内心只是希望能够像正常人一样走路。

（2）要随时注意观察周围的事物，处处留心有"希望"。在提出希望点时，不要像科学幻想那样脱离现实太远，要注意可能性和科学性。

a. 可能性。提希望点时要瞻前顾后。瞻前，是指所想到的希望点是否已有前例。顾后，是指所提希望点是否与当时的技术水平相适应，自己是否有完成的可能性。

b. 科学性。提希望点要符合自然规律。超越自然规律的任何设想，都是要落空的。自古以来有许多人希望自己长生不死，还有些人以长生不老药作为发明的研究课题。在很久以前，有人曾研究发明永动机，设想在没有温度差的情况下，在海水里不断吸取热量，再把这些热量转变成机械能，制成一台发动机。这些违反自然规律的发明是不能成功的。

3. 系统设问法

设问法是根据需要选择发明课题，或针对创造发明的对象设计构思，采取系统的设问方式，列出有关问题和试探解决的方法，逐个核对讨论，进行分析研究的发明技法。这一发明技法由美国创造家奥斯本首创，享有"创造技法之母"的称号。

在实践中一般有下列方法。

（1）加一加。把一件物品加大一点、加长一点、加高一点，或者把功能增多一点，物品在形态上、功能上、尺寸上有所变化，有利于使用。例如，把帽子与衣服加在一起，就是款式新颖的风衣；组合家具，就是许多单件家具相加。

一个三年级的小学生看到妈妈给弟弟喂牛奶时，怕烫着弟弟，先尝一尝试试温度。他想，这样做不卫生，但不尝一尝又无法知道牛奶的温度，怎么解决这个问题呢？他运用"加一加"的方法，设计了一支温度计装在奶瓶内壁上。这样，不用尝就可以准确地知道奶瓶内牛奶的温度了。

（2）减一减。把一件物品减小一点、减轻一点、减低一点，使它的形态、功能发生变化。减一减后，变成什么新东西？它的功能、用途发生了什么变化？在操作过程中，减少时间或次数可以吗？这样做又有什么效果？生活中用"减一减"的方法发明新事物或解决问题的例子也是不少的。例如，电子管改成集成块，体积缩小了；钢铁架帆布帐篷改为充气塑料帐篷，重量大大减轻了；近视眼患者戴上眼镜很不方便，改为微型隐形镜片，装在眼睛内，更方便了。

我们平时见到的茶几都是四只脚的，有一个同学用"减一减"的办法，减去了两只茶几脚，并把剩下的两只茶几脚改成L形。这样，在不使用的时候，可以把桌脚插入沙发的底下，增加了沙发前的空间面积。台湾地区的一个小朋友，见爸爸在装门锁扣时，在门两旁扣片的三个圆孔中拧上三颗螺丝，一副锁扣就得拧六颗螺丝。他想，要是使锁扣片的两条边，都向下弯成卷角，只要往中间的一个圆孔里拧上一颗螺丝，当拧紧这个螺丝时，两条边也跟着进了木头。他把自己的想法告诉了爸爸，父子俩一试，果然不错。这位小朋友思考问题的方法，正是"减一减"。

（3）扩一扩。我们可以这样想：这样东西如果放大、扩展（声音扩大、面积扩大、距离扩大……），它的功能与用途会发生哪些变化？这件物品除大家熟知的用途外，还可以扩展出哪些用途？例如，放大镜、显微镜、宽银幕电影、投影电视等，都是运用"扩一扩"的技法。

有一个小朋友在雨天和人共用一把雨伞，结果两人各淋湿了一个肩膀。由此，他想到了"扩一扩"，就设计了一把双人伞，扩大了伞面的遮雨面积。还有一个小朋友看书时爱摘录好词好句，但在摘抄时，书页容易被风吹乱。他先是用回形针去夹书，后来他又想到了"扩一扩"，就利用回形针的原理，把回形针扩大，制成了一个既能搁书又能夹书的压书器。

（4）缩一缩。使一个物品的体积缩小一点、缩短一点，给人使用带来方便，或者改变它的功能。

例如，制造压缩饼干、袖珍收音机、袖珍雨衣及书籍的缩印本、袖珍词典等。一位医师利用气球作为疏通血管的工具。先把气球缩得很小（直径只有几毫米），然后把它系在一个特制的导管的一端并插入病人的动脉血管，当它探到被脂肪阻塞的地方时，就给小气球充气，小气球膨胀后，便可以挤压清除沉积在那里的脂肪，使血液正常地流动。

（5）变一变。改变事物的形状、颜色、声音、气味、位置、方向会产生什么结果？改变事情的次序或操作的顺序又会产生什么结果？

我们常见的铅笔一般截面是圆形的，放在桌上容易滚落。于是，人们就把圆形的变成六角形的，克服了容易滚动这个缺点。后来又有人把六角形的变成三角形的，就更方便低年级的小朋友握笔。为了方便木工的使用，又把铅笔做成扁圆柱形。铅笔芯一般是黑的，把它变成红、黄、蓝等多种颜色，就有了新的用途。现在还有白色的铅笔，可以在黑板上写字。

我们每天行走的马路，为了适应社会的发展而不断在"变"。单调的路面颜色会使长时间高速行驶的司机感到枯燥，产生疲劳。为了解决这个问题，人们设计了一种颜色路，把不同的色彩掺进黑色的沥青材料，使路面的颜色起了变化，彩色路不仅是一种信号路，还能起到美化城市的作用。现在又有人把一种奇妙的发光材料掺进路面，就变成了发光的马路，这种马路在夜里能把车道映得清清楚楚，司机在黑夜中行驶就像白天一样方便。

有个一年级的小朋友，一次晚上回家，摸黑去插门，结果，插了半天才插上。原来，由于门走形，插销头与套子对接不准。这位小朋友想起尖的东西很容易插进别的孔隙，第二天，他便动手把插销的头用锉刀锉尖了一点。后来，插门就不难了。他还把"平头"变成了"尖头"，发明了尖头插销。

（6）改一改。所谓"改一改"就是改进物品原来的形状、性能、结构，使之出现新形态、新功能。

可以这样思考：这个东西在使用过程中，还有哪些缺点或不足，把这些缺点或不足列一列，再分析一下，看看哪个缺点是主要的或必须马上解决的，怎样改进才能克服或尽量减少缺点，给人带来方便。例如对雨伞的改进：为了防止容易拿错，增加伞布的颜色和图案；为了防止风雨时伞布遮住视线，改用透明的塑料做伞布；为了撑伞时拿东西方便，设计成可戴在头上的帽式雨伞；还有带"储水器"的伞、带照明的伞；等等。

"改一改"就是不断发现缺点，不断克服缺点，不断改进，精益求精。在日常生活中遇到不方便、不合理、不科学的事物时，不安于现状，不怨天尤人，运用自己的聪明才智进行小改革和小发明。

有一个小朋友患了眼病，医生要他每天点几次眼药水，但在点眼药水时，他发现眼药水瓶有一个缺点，就是在点的时候无法看清自己的眼睛，常常会把药水点到眼睛外面，针对这个缺点，他发明了一种带镜子的眼药水瓶，在眼药水瓶的两肩，根据一定的角度，装上两块小镜子，这样看着镜子点，就能准确无误地把眼药水点进眼里了。

（7）拼一拼。把一个物品与另一个物品拼起来。这和"加一加"有相同之处，但又不完全相同。"拼一拼"是指一种到多种规律的合并，一种到多种功能的合并。例如，有的小刀把刀、指甲剪、开啤酒瓶的起子合并在一起；有的组合家具，这样组合可以坐，那样组合可以睡，再做一下调整可做写字台等。

（8）学一学。通过学习、模仿别的产品的形状、结构、颜色、性能、规格、功能、动作等来实现新的发明。例如，有一位小发明家发明了方便的淘米器。平时淘米时，倒水很麻烦，一不小心，米就会流失。他看见米筛做得密不易漏米，便学着做个半圆形的铁丝网，罩在淘米桶上就不会使米流失了。

（9）代一代。代是指代用，包括材料的代用、方法的代用、商品的代用、工具的代用等。例如，以塑料代钢、以喷塑代电镀、以集装代散装等。运用代一代可以生产出许多新的产品。

（10）搬一搬。把物品的某一部件搬动一下，产生一种新的物品。例如，把电视机上的拉杆天线"搬"到圆珠笔上去，发明了可伸缩的圆珠笔教棒。在黑板上用三角板画图形不方便，一位同学在三角板的三个顶角各装一个小铁珠，这样，当三角板在黑板上移动时，减小了摩擦。

（11）反一反。把某一事物的形态、性质、功能反一反，发明出新的物品。例如，皮革里外反一反，成为翻毛制品。平时人们穿拖鞋只能朝一个方向穿进去，如果脱拖鞋时把拖鞋放倒了，那么，到要穿的时候，又需要把它摆正才能穿。能否做到反方向也能穿呢？日本的横山康子发明了两头都能穿的拖鞋，这种拖鞋只需把拖鞋的"十字"移到了中央。

（12）定一定。定是指规定、约定。为了解决某一问题，或改进某一件东西；为了提高学习、工作效率和防止可能发生的事故或疏漏，需要做出一些规定。

例如，为了使交通有秩序，防止事故发生，发明了信号灯。规定红灯亮时，禁止车辆通行；绿灯亮时，车辆通行。再如，医师测定病人的体温要用温度计，温度计刻度的规定，是瑞典科学家摄尔休斯的一大创举，他规定水结冰时的温度（冰点）为零度，在一个标准大气压下沸水的温度（沸点）为100摄氏度，中间分为100等分，每一等分为1摄氏度。这就是摄氏温度计使用的"温标"，记为"℃"。

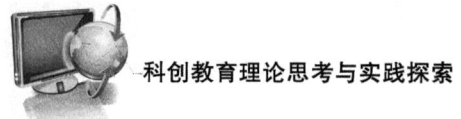

4. 联想拓展法

联想拓展法，也叫想象法，是把与发明对象不同领域的事物与发明联系起来的思考方法。所谓联想，就是把头脑中不相关的事物重新进行组合。联想有四种，即相似联想、接近联想、对比联想和应用联想。要善于掌握事物之间的共同之处和彼此之间的联系，从而引起联想，启迪自己的发明思路。

学生王学青认为地球仪不如地图取拿方便，但地球仪有立体感，容易看懂。那么，怎样才能使地球仪便于携带呢？最好的办法是令地球仪使用时成球状，不用时可压扁。针对这一想法，王学青绞尽脑汁，终于从儿童的气塑玩具那里联想发明了充气地球仪。

5. 聚合创新法

聚合创新法（简称聚合法），就是将两种或两种以上的物质产品或技术方法进行适当的结合，形成新的产品或技术。这种新产品和技术不是简单地相加，而是有机地综合创新，达到扩大用途、增加功能和效益的目的。聚合法的运用方式多样，基本技法有以下五种。

（1）主体附加。该技法是在原有的技术思想中补充新的内容，在原有的物质产品上增加新的附件。例如，在自行车上安装车灯、车铃，在电视机荧光屏前加滤光器（削减有害射线），为奶瓶增加温度计，肥皂盒底附加凸起齿状当头梳。用于锻炼身体的计步鞋，就是将计步器插入鞋底中实现的；将电炉插到水壶中，便产生了电水壶；将喷水的装置插入电熨斗中，便出现了喷雾式电熨斗。

（2）同物聚合。该技法就是将相同事物进行组合，如双色铅笔、双头螺丝刀、双尖绣花针、冷热两用保温瓶、远近两用眼镜等。

双排订书机由两个完全相同的订书机组合在一起，使用时，按下一次就订了两个钉，符合平时装订文件一般都是订两个钉子的特点，而且这样装订的两钉之间距离是一定的，比单个订书机订得更整齐。另外，两机的间距可以调节，以适应所订文件长短的变化。这样双排订书不仅在装订速度上实现了"1＋1＞2"，而且装订得整齐划一，美观大方。双排订书机是组合法成功运用的优秀作品。

（3）异类聚合。该技法就是将两种或两种以上不同领域的技术或不同功能的产品进行有机组合。例如，发光鞋、收音机、泡泡糖（食品与玩具组合）、音乐示警标枪等。

橡皮和铅笔是两项不同的技术成果。一位贫穷的画家威廉把它们组合在一起，发明了将橡皮擦包在铅笔头上的铅笔，并获得了专利。他把这个专利卖给了拉巴地布铅笔公司，使该公司每年仅专利费一项收入，就高达50万美元。一家音乐工业公司的技术员豪斯菲尔德，把超声检查仪与计算机图像识别两项技术组合起来，发明了能够进行人体内探测的CT扫描仪器，因而获得了诺贝尔医学奖。

（4）重组聚合。该技法就是将某产品先分解，然后再以新的意图重新组合。如将家具、电器、玩具等产品拆散，研究零部件之间的关系，琢磨更合理的组合，并重组为新产品。例如，飞机的螺旋桨通常设计在机首，进行重组后把螺旋桨放在机尾；电烤箱的电炉丝原先是装在下面的，重组后装在四周等。

（5）随机聚合。采用游戏竞赛的方式来想象各种各样的组合，写出几种物质的名称，然后将它们逐一连接、排列出来。例如，给出灯罩、扬声器、茶杯、发光物质、音乐器件，它们的组合结果包括发光灯罩、发光扬声器、发光茶杯、音乐灯罩、音乐茶杯等。

运用聚合发明法需要注意的问题及要领具体如下。

（1）聚合要有选择性。不能勉强凑合。例如国外一家公司曾大力推销一种收音、照相两用机，即将收音机、照相机组装在一个外壳里。虽然广告宣传如何便利、实用，但实际上，拍照时，收音机毫无用处；而听收音机时，照相机又成了累赘，并且没有节省材料。这样的聚合是不可取的。

（2）聚合要有实用性。通过组合提高效益、增加功能，使事物相互补充，取长补短，和谐一致。例如，将普通卷笔刀、盛屑盒、橡皮、毛刷、小镜子组合起来的多功能卷笔刀，不仅能削铅笔，还可以盛废屑、擦掉铅笔写错的字、作镜子照，大大增加了卷笔刀的功能，实用性很强。

（3）聚合应具创造性。通过组合使产品内部协调，互相补充，相互适应，更加先进。例如，保健电热烘鞋器，当鞋子湿了，将烘鞋器插入鞋里，可以把鞋烘干。这个烘鞋器用电熨斗芯作热源，用铜管、铜片当散热器，把除臭味的药粉填撒在散热片之间，用尼龙袜套起来，这样的聚合的确具有创造性。

6. 逆向推敲法

所谓逆向推敲法就是我们常说的反过来思考，在进行创造发明的时候，如果想不出来好办法，不妨改变一下思考方法，从事物的反面去思考。例如，把上面的变成下面的，把左边的变成右边的，把横的变成竖的、弯的变成直的、里面的变成外面的、方的变成圆的等。采用全新的观点看事物，以打破常规、常理、常识的方式，出奇制胜地找到解决问题的良策。

电磁感应现象是法拉第一生中最重要的科学发现。1820年，奥斯特发现了电流的磁效应，当电流在金属丝中流动时，金属丝附近的磁针会偏向一边。法拉第知道这一现象后，他便产生了这样的想法：既然电流能产生磁，那么磁能否产生电呢？为了验证这一想法，他和他的助手进行了多次实验。直到1831年终于获得成功，才有了今天电流的出现。法拉第发现的这一现象叫作电磁感应现象。他的这一划时代的重要发现，奠定了今天电磁学的基础，同时帮助人们发明了发电机。

逆向创新的途径有：逆向反转、悖逆常规、逆反心理、重点转移、缺点逆用等。

（1）逆向反转法。

a. 功能反转。功能反转是指从已有事物的相反功能去设想新的技术发明或寻求解决问题的新途径，它既可以是功能的直接反转，也可以是功能提供方式的反转。

例如，解决圆珠笔漏油的问题。开始，人们循着一般的思路去想办法，在提高笔珠的耐磨性上冥思苦想，但不见成效。后来，日本的中田藤三采用了逆向思考法，掉转思路，设计出笔珠磨损到快漏油时，笔油也刚好用完的新方案，解决了这个长期不能解决的问题。

b. 结构反转。结构反转是指从已有事物的相反结构形式去设想新的技术发明和解决问题的思路。

用水桶打井水时，要摆动桶绳使桶倒过来装水，有时候摆动半天桶也不倒。沈文华同学想了一个办法，在提水桶的桶底开一个比鸡蛋大些的洞，在洞口盖一块较厚的胶皮，胶皮的一边用钉子固定。将提水桶放到井里，水从洞口涌进桶内。待桶里水满了，向上一提，水的压力就把胶皮压下去，盖住洞口，就好比在桶底装了一个阀门。这种水桶专门用于提水，省时又省力。

c. 因果反转。因果反转即从发明的结果（发明物）进行思考，引发创意和解决问题的新思路。例如，中学生洪伟力发明"新型节水龙头"。他从当"停水后，若忘记关闭水龙头，水再来时，能自动关闭，防止水浪费"这一结果出发进行思考，设计了一个停水后，水再来时能自动切断水流的装置。他学习和应用了内燃机气缸结构的活塞运动和气缸外冷却水套的工作原理进行设计，当停水后水再来时，水从阀体进入空心活塞内，利用水流动量的变化产生的冲力推动活塞，实现自动放水。当水槽注满水后，浮球上浮，通过杠杆将力传递到活塞，使它反向运动，堵住阀门口，切断水流。

d. 方法反转。例如，快速吸烟法，不是让戒烟者不吸烟，而是让他多吸快吸，一秒钟吸一口的快速吸烟，连吸多支烟，使之产生令人厌恶的身体反应，从而达到戒烟的目的。

再如，司马光砸缸的故事，当小朋友掉进水缸里后，大家就是想办法把人拉离水面，即让人离开水，而司马光改变常规，采用另一种方法，砸开缸，放掉水，让水离开人，这就是逆向思考法。

（2）悖逆常规法。知识的学习与经验的积累常常在人们头脑中形成各种常识、常规、常理，这对于认识世界、指导实践无疑是必须且有益的，但对于创新思维来讲，却可能是一种枷锁或障碍。实质上，创新就是在对习以为常的质疑、对循规蹈矩的突破、对天经地义的反叛等过程中产生的。

我国青年速算家史丰收创造的速算法也是悖逆常规的创造。传统的算术都是从低位算向高位，他却反其道而行之，从高位算到低位，一次获得答案，其运算速度甚至可以超过计算器。

通常缝衣服用的针，它的穿线孔在尾部。那么，有没有孔在头部的针？有，缝纫机针的孔就在头部。如果在针的中间穿个孔，两头尖，有没有用呢？这种针可以用来绣花，这种绣花针是一个三年级的小学生发明的。他的这个发明还获得了国际金奖。

（3）逆反心理法。诸葛亮的空城计是大家熟知的历史故事。诸葛亮机敏过人，知己知彼，在完全洞悉司马懿的心理的前提下，一反谨慎处事常态，空城洞开，悠闲抚琴，并以此退敌。这就是逆反心理法的利用，以悖逆常规的心理状态来决策处事，在管理及军事上都有特殊的意义。

在香港回归前的日子里，醒目的告示用的是倒数计时；一些科技新闻片中，卫星发射、氢弹引爆等的指挥中心，用的也都是倒数计时。倒数计时清晰、直截了当，它无形中给人以紧迫感，催人奋进。于是，勤奋代替了懒散，务实代替了空谈，高效率代替了扯皮。

类似地，商家故意把商店广告写得文句不通、白字不少，使顾客误以为老板绝非精明狡诈之徒而乐意光顾。例如，写着白马商店的牌子上却画了匹黑马就能勾起行人的好奇并驻足，很好的商品却偏偏冠以"傻子瓜子""狗不理包子""傻瓜电脑"等，结果居然招人注目且声名远扬。

生活在现代社会中的人们未必都以现代化产品为满足，他们往往会因对大都市五光十色、方便舒适腻烦的心态而萌生对复古与大自然的追求。

（4）重点转移法。在创新活动中，常常会有这样的情况，当某一课题或目标从一个主攻方向久攻不克时，如果把问题的重点从一个方面转换到另一个方面，这样便有可能开辟新的思路，使问题迎刃而解。其原理犹如草地寻针的窍门：有人并不直接着眼于去找针，而是先放把火把草烧掉，让针自行暴露出来。

（5）缺点逆用法。世界上的事物无不具有两重性。以毒攻毒是我国中医宝库中出奇制胜的方略。技术史上一些别具一格的创新，也不乏采用这种以毒攻毒的思路。例如，金属的腐蚀本来是件坏事，但有人却利用腐蚀的原理发明了蚀剂和电化学加工工艺；机械的不平衡转动，会产生剧烈的振动，利用它，有人发明了夯实地基的蛤蟆夯等。

在创新中，利用事物的缺点化弊为利的方法，就称为缺点逆用法。这种方法能巧妙利用事物的缺点，化腐朽为神奇，寻找新的技术创新。可见，事物的缺点本身具有双重功用：一方面，可以引导研究者通过克服缺点进行发明或革新；另一方面，可以引导研究者去寻找化弊为利的途径，产生新的技术创新。

7. 移植改造法

移植改造法，也称移植法、渗透法。这种技法是将某个学科领域中已经发现的新原理、新技术、新方法移植、应用或渗透到其他学科、技术领域中去，为解决其他学科、技术领域中的疑难问题提供启动或帮助，从而使它得到新进展的一种创造发明方法。

从思维的角度看，移植法可以说是一种侧向思维方法。它通过相似联想、相似类比，力求从表面上看来仿佛是毫不相关的两个事物或现象之间，发现它们之间的联系。因而，它与类比发明法、联想发明法有着密切的关系，在很多情况下还与灵感思维有关。

杜建国同学发明了"折叠玩具箱"。他是从每个箱子装一类衣服和折叠式用具的原理移植来的。他看见家里玩具多，放在一个箱子里，往往因找一件玩具而翻箱倒柜。于是想出了办法，用三合板做了一个折叠式玩具箱。它和折扇差不多，每个小盒用铰链连接，既能打开，又能合拢，还挺轻便。他还在每个小盒上贴上标签，写上每个盒子里有什么玩具，找起来就方便多了。

运用移植发明法的要领具体如下。

（1）原理移植。无论是理论还是技术，尽管领域不同，也常常可以发现一些共同的基本原理。因此，可根据不同的要求和目的做移植创新。

巴斯德发表了关于有机物腐败和发酵的研究成果后，一位英国籍医生将这个原理移植到外科手术上。他认为，有机物腐败和发酵是由于外来的细菌感染，而外科手术后病人伤口的化脓和溃烂也是外来细菌感染的结果。于是，他采取苯酚消毒的办法，发明了无菌手术法，这个方法使得外科手术后病人的死亡率从80%以上降低到15%。

红外辐射是一种很普通的物理过程，将这一原理移植到其他领域，可产生新奇的作用，如将其用于红外线探测、遥感、诊断、治疗、夜视、测距等。在军事领域则有红外线自动导引的响尾蛇导弹，装有红外瞄准器的枪械、火炮和坦克，红外扫描及红外伪装等。

（2）方法移植。把代数方法移植于几何领域，使代数、几何融为一体而创立解析几何；现代管理方法中的行为学派是将心理学原理移植到企业管理方法中而形成的，在科学研究中常用的一些方法如观察法、归纳法、直接法等都可以移植到技术创新中去。

服装店的老板把拉链装到围腰式钱包上，一下子生意兴隆了，他又把拉链用到飞行服上，卖给空军，也很受欢迎。

（3）回采移植。历史表明，许多被弃置不用的陈旧技术，只要赋予现代技术加以改造，往往会带来新的创造。例如，帆船是古代船舶的标志，但又出现在20世纪80年代。至今，全球竟有20多个海洋国家成立了风帆研究所。现代风帆是以计算机设计的，具有最佳采风性能和推进性能。其制作材料已从尼龙发展到铝合金，帆的操作控制也是自动化的。因此，现代帆船并非扁舟孤帆，而是万吨巨轮。有些帆船速度可与快艇媲美，加上节能、安全、无噪音、无污染等独特优点而深受欢迎。

（4）综合移植。连鑫等同学发明了充气太阳灶。他们把充气玩具的技术、日常商品的不干胶贴片，移植到太阳灶上来；把课本上的帕斯卡原理运用到新型太阳灶的设计中去，采用了原理、技术、原料的多种移植方法。

在确定课题后，一天在儿童玩具店，他们看见了充气玩具救生圈，救生圈被充气后就鼓胀成一个大圆圈。于是他们想，假如将两片圆形塑料薄膜边缘黏结，充气后会不会膨胀成一个抛物面呢？如果可以，抛物面的加工量可大大减少，而且又轻。实验结果是充气后在底面贴上真空镀铝涤纶不干胶片，可以得到手掌般大小的聚焦斑点，并且很烫。他们又想到，帕斯卡原理讲到，在密闭的容器里，器壁受到的气体的压强是均匀的。既然如此，它形成的抛物面肯定是均匀的，聚焦效果更好。后来，他们又用塑料管和铝合金管加工成框架、支架，这样，无基板充气太阳灶就创造出来了。

这个充气太阳灶的核心气囊的底面上贴有反射膜。利用充气压力能使底面形成很好的聚光反射镜，把阳光聚集在锅底上。气囊的上面是一层透明塑料膜，可以防尘、防水，保护反射膜。这种充气太阳灶很轻，只有 4 千克，用料又省，镜面工艺简单，造价只有相同功率的其他形式的太阳灶的 20% 左右。

（5）功能移植。是指把诸如激光技术、超声波技术、超导技术、光纤技术、生物工程技术以及其他信息、控制、材料、动力等一系列通用技术所具有的技术功能，以某种形式应用于其他领域。

例如，采用液压技术便可较好地解决远距离传动的问题，且简化机构、操作方便；电子计算机的应用则使机械加工程序化、自动化；在自然界，河川中夹杂的有机物质净化细菌，有机物经它消化后变成了水和一氧化碳。环保专家将此功能移植于废水处理——引进净化细菌，让它大量繁殖，以达到去污变清的目的。这就是目前污水处理的活性污泥处理法。

8. 仿效生物法

仿生学的科学，就是把各种生物系统所具有的功能原理和作用机理作为生物模型进行研究，希望在技术发明中能够利用这些原理和机理，实现新的技术设计并制造出更好的新型仪器、机械等。在实用发明中，仿效生物系统的功能、机理制造出产品的方法，叫作仿生法。

地球上的生物在漫长的进化过程中，通过自然选择，形成了许多卓有成效的器官或形态，其结构的精巧和可靠达到了令人难以置信的地步。例如，螳螂能在 0.05 秒的瞬间，计算出眼前小昆虫的速度、方向和距离，并能将其一下子捕获。蝙蝠是靠超声波定位的，通过运用超声波定位器能精确地导向。蝙蝠能依靠它迅速捕到昆虫，上万只蝙蝠在一个山洞里飞翔却互不碰撞。

生物具有各种丰富多彩的功能，具有复杂和精巧的机构，其奇妙程度是难以想象的。如果把生物的这些功能、机构运用到技术发明上去，是非常了不起的。

事实上，人类从仿生学的角度进行创造发明的例子是很多的。例如，从鸟类想到飞机、从蝙蝠想到雷达、从犰狳想到坦克、从石龙子想到伪装色、从飞鼠想到降落伞等。下面再举两个利用仿生法创造发明的例子。

（1）人造海豚皮的发明。海豚在游泳时能轻而易举地超过快速航行的船只。原因是什么呢？科学研究表明，海豚不仅有一个理想的流线型体形，而且还有特殊的皮肤结构。海豚的皮肤分两层，外层薄而富有弹性，其下面是乳头层和刺状层。乳头层下面有稠密的胶原纤维和弹性纤维联系，其间充满脂肪。海豚的皮肤的这种结构有许多作用，从快速流动来说，它起到消振器的作用，使水流引起的振动减弱，防止湍流的形成和液流的破坏。

人们依照海豚皮的这种功能和结构，研制出一种人造海豚皮。这种人造海豚皮由三层橡胶组成，表皮层平滑，厚约 0.5 毫米，起到支持板的作用，它与船上的壳体连接。试验表明，当把这种人造皮贴到鱼雷上时，鱼雷在水中的运动阻力至少减小 50%。

（2）联动刃钻头的发明。恐龙已在地球上消失了。但是，考古人员发掘出来的恐龙化石表明，有一种吃草的恐龙，高数米，长20多米，估计质量为40000多千克。这么大的身躯，每天要消耗1000千克的植物来维持生命，但是，恐龙的嘴很小，小小的口腔怎样才能将这么多植物嚼碎呢？原来，恐龙的口腔中排列有几排牙齿，每排有几十颗，一口牙有四五百颗，有的多达2000颗以上。按照恐龙的牙齿排列，人们发明了一种由两排刃齿组成的联动刃钻头。这种新型钻头的钻进速度比一般钻头要快一倍。

其实，某些动物的器官很值得模仿制造。例如，螳螂的钩头大刀、壁虎脚上的吸盘、树懒的爪子、鳄鱼的鳞片、袋鼠的尾巴等，都和我们日常生活中的某些工具或物品相似。或许，从模仿这些动物的器官中可以获得某些有益的东西。

向生物索取技术，不仅具有令人神往的光辉前景，而且所涉猎的内容也相当广泛。根据仿生学的研究成果，向生物索取技术的途径大致有如下6个方面。

（1）信息仿生。主要是通过研究、模拟生物的感觉（包括视觉、听觉、嗅觉、触觉）、智能及信息贮存、提取、传输等方面的机理，构思和研制新的信息系统。

例如，蜻蜓和苍蝇的复眼由许多单眼组成。在每一只小方角形的单眼中，都有一小块角膜，这种角膜像照相机一样单独成像。在蜻蜓和苍蝇的复眼前边，即使只放一个目标，但通过一块块角膜，也可以看到许许多多个相同的影像。人们仿照复眼的这个功能，将许多光学小镜排列组合起来，发明了复眼透镜。用这种复眼透镜制成照相机，一次就可以拍千百张相同的影像。

动物也有语言，称为动物通信。一位科研人员把动物的声音用录音机录下来，同时仔细观察该动物的相应行为动作，发现了它们之间的相互关系。例如，把一支灵敏度很高的话筒放到人工孵卵器里，可以发现一种十分奇特的现象：原来在小鸡出壳前三天，就已"吱吱"地说话了。起先声音很低，后来把耳朵凑到鸡蛋上就能听到。这些声音似乎在说："我太热了"或"我冻坏了"，孵蛋鸡就根据这些要求翻动它们，改变着孵蛋动作。

据此，人们一旦掌握了动物语言的秘密，就可以指挥动物的行动了。目前，有的飞机场、菜园、养鱼场等为了不受鸟的危害，依照鸟语设立了鸟语广播台。这种广播台播放鸟类遇到危险时发出的惊叫声，以吓跑飞鸟。

（2）控制仿生。这里指主要通过研究模拟生物的体内稳态（反馈调节）、运动控制、定向与导航，生态系统的涨落及人机系统的功能原理，来构思和研制新的控制系统。例如，人们根据蜜蜂的复眼能够利用偏振光的原理导航，发明了用于航空和航海的非磁性"偏光天文罗盘"。这种罗盘对于不能使用磁罗盘的高纬度地区，显示出极大的优越性。

每天天刚破晓，公鸡便引吭高歌，"喔喔喔"地准时报晓，鸡叫三遍，天光大亮；豆类植物幼苗的叶子，白天抬起，晚上下垂，生物学上称这种现象为昼夜节律。生物界的许多活动还跟季节有关，植物的开花结果、候鸟的迁徙、鱼类的洄游，都有这个规律。人的身体里也有生物钟系统，人的体温、血压、基础代谢、脉搏、细胞分裂和血液成分等，都呈昼夜性变化。人们一旦揭开生物钟的奥妙，将有更多发明给人类生产生活带来不可估量的好处。

（3）力学仿生。主要通过研究模拟生物的机械原理及结构力学和流体力学的原理，构思和研究新的系统。例如，人们根据鱼类、鸟类的身体形状的流体力学特性，研制了各种各样的船舶和空间飞行物；根据蛋壳、乌龟壳、贝壳等弯曲表面，发明了建筑物上的薄壳结构。

例如，纸蜂窝墙板的发明。蜜蜂被称为昆虫界中的"建筑师"，这是因为它能在一昼夜便用少量的蜂蜡建造上千间生儿育女的蜂房。据说有一种黄蜂，它能用不到25克的蜂蜡，建起数十间整齐的蜂房。而人类建造房屋用的砖，每立方米的质量约有1800千克。看来，蜜蜂采用了"轻型材料"建房。依照蜂窝的结构，人们制成一种纸蜂窝墙板。纸蜂窝墙板是将厚约2.5毫米的石棉水泥和纱管纸，按一定方法黏结起来的新型建筑材料。目前，这种材料不仅用于建筑业，而且可用来制造家具。用相同原理制成的高强度纸蜂窝墙板还应用于火箭和飞机机翼的制造。

（4）化学仿生。主要是通过研究模拟生物酶的催化作用，生物的化学合成、能量转换等，来构思高效催化剂等化学产品、化学工艺及新材料、新能源等。例如，人们为宇宙飞船设计的"宇宙绿洲"——生态循环系统，就是通过模拟生物"电池"光合作用转换的原理及自然生态系统创造出来的。

（5）技术仿生。体形较大的蛇怪蜥蜴之所以能上演"水上漂"，是因为它能以合适的角度摆动两条腿，令身体向上挺、向前冲。卡内基梅隆大学的机器人技术教授梅廷·斯蒂深受此启发，造出了第一个能在水面行走的机器人。它可以监测水库中的水质，甚至在洪水期间帮助营救。

日本的第一列新干线列车速度达到每小时120英里（约合每小时193公里）。但是，如此快的速度却有一个不利方面，列车驶出隧道时总会发出震耳欲聋的噪音。工程师中津英治是一位鸟类爱好者，他发现新干线列车总在不断推挤前面的空气，形成了一堵"风墙"。当这堵墙同隧道外面的空气相碰撞时，便产生了震耳欲聋的响声。

翠鸟生活在河流湖泊附近高高的枝头上，经常俯冲入水捕鱼，它们的喙外形像刀子一样，能瞬间穿越空气，从水面穿过时几乎不产生一点涟漪。中津英治通过研究翠鸟的行为获取灵感。现在，日本的高速列车都有长长的像翠鸟的喙一样的车头，令其得以相对安静地离开隧道。外形经过改进的新干线列车，速度比以前快10%，能效高出15%。

（6）原理仿生。苏联科学院动物研究所在研究了地球上许多动物的运动后，模仿其运动原理设计研制了各种新颖的交通工具：按蜘蛛的爬行原理设计军用越野车；根据蛇的爬行原理设计并改善了履带车的噪声；根据企鹅奔跑的原理设计了雪地汽车；甚至还准备参照袋鼠的运动方式来设计一种可以超越障碍的越野车。

9. 原型启发法

有启发作用的事物，叫作原型。很多原型都可能有启发作用，如自然现象、日常用品、机器、示意图、文字描述、口头描述等都是常见的原型。由原型启发而得的创造发明很多,可作为原型的事物有很多,就看你能不能发现它们具有的启发作用。

(1) 启发的条件。启发带有偶然性、机遇性,它需要满足一定的主客观条件。

　　a. 有强烈的创新欲望,才能大大提高接受启发的敏感性。

　　b. 明确问题的实质,以鉴别把握可能得到的启发。

　　c. 增加信息量,扩大接触面,为启发创造更多机会。跨学科的研究者常能作出突破性贡献,是因为独创性常常在于发现两个截然不同的事物之间的联系或共同点。

　　d. 大胆猜测事物之间可能的联系,寻找启发的原型。

(2) 启发的种类。

　　a. 资料启发。美国发明家威斯汀豪斯发明的能控制整列火车的制动装置是从一本杂志上得到的启示。文章介绍挖隧道时,驱动风钻的压缩空气是用橡皮管从900米以外的空气压缩机送来的,于是创造了气动刹车的装置。

　　b. 技术启发。在修补沥青路面时,常需将原有的沥青烤软,但用红外线加热或烘烤的方法均只对表面有效,难以使其内部软化。有人想到微波炉可将食品内部迅速加热,于是将此技术应用于筑路机上,取得了好的效果。

　　c. 生物启发。"伟格罗"是一种不生锈、重量轻、可以洗的尼龙扣,可广泛用于衣服、窗帘、椅套、医疗器材、飞机及汽车上,太空人还借此把食品包"挂"在墙上,或使他们的靴子能附着在地板上。这一奇妙创造的启发原型是:瑞士发明家乔治·德梅斯特拉尔带着他的狗去打猎时,沾在人和狗身上的牛蒡子草刺果。

　　d. 常识启发。结粪症是马、骡的常见病,死亡率很高,是困扰兽医的一大难题。煞费苦心的兽医李留栓等人注意到了一个简单常识:鸡蛋很难握破但极易击碎。由此,他们设想了一种奇特的"撞击术"——一只手深入肠道按住结粪,另一只手在腹腔外对准结粪位置突然一击,使粪破碎。几年中,他们用这种方法治疗了两千多匹病马,无一死亡。

　　e. 生活启发。美国工程师杜里埃认为,为保证内燃机有效地工作,必须使汽油和空气均匀地混合。然而,如何混合却不得要领。某日,他看到妻子喷洒香水,突然灵光一闪,终于设计出了发动机的汽化器。

　　f. 现象启发。哈格里夫斯经常在想怎样才能提高只能拉出一根线的纺车的效率。有一次在与珍妮谈话时,他把纺车碰翻了,轮子带动那根锭子飞快地转动。受此启发,他想到几个竖起的锭子的效率肯定要比一个横锭要高。于是,他发明了效率高8倍、有7个竖锭的纺车。

　　g. 原理启发。有人研究了西瓜皮能使人滑倒的原理,发现这是西瓜皮受脚踩后压出了水分,减小摩擦而致,由此弄清了冰刀式滑冰鞋只能在冰上滑而不能在光滑的玻璃上滑的原因。又有人分析了香蕉皮滑倒人的原理,发现香蕉皮由几百个薄层构成,层与层之间可相对滑动,由此找到与香蕉皮有类似结构的二硫化钼,它具有良好的耐热性,为机械转动、滑动的润滑开创了一个新天地。

10. 专利查阅法

专利文献记录了大量科技发明的成果，相当于汇聚了大量创新信息。善于有效地利用科技专利文献，是新的创造发明诞生的重要源泉。

专利文献以其国际化、情报化的特点，既反映了创造发明的发展水平，也反映了现代化科学技术的发展面貌。很明显，专利并不是各种需要的全部技术或最好的方案，也有可能这一技术没有全部揭示出其能够满足的全部需要。基于这种情况，我们通过阅读专利文献，一方面，根据专利所满足的需要启发我们的创新思路，寻找更好的方法；另一方面，根据专利未曾涉及的需要和权利要求，拓展专利的新用途。因此，专利文献是创造发明的一个宝库。在查阅专利文献的基础上创制发明新产品，是一种很好的发明技法。

可以通过以下四种具体的方法获得发明内容。

(1) 查找专利文献。查找专利文献可以得到启示，发现有待于研究的新课题。另外，在初步定下发明对象后，也可以从专利文献中寻找借鉴，以进一步明确需要解决的任务。以电灯的发明为例，爱迪生制成了有实用价值的白炽灯。他是在阅读了斯旺发表在美国《科学美国人》杂志上的文章得到启示后，才成功研制白炽灯。

(2) 综合同类成果。在实际创造发明活动中，有时单凭一篇专利文献，尚不能解决创造发明中的问题，还需要综合一定数量的专利文献来进行创造发明。例如，日本的丰田佐吉在为自己的企业寻找出路时，订阅了全部类别的专利文献，并将几个专利成果进行综合，找到了发明自动织布机的研究课题。不久便研制出了优良的自动织布机。当时以纺织工业著称于世的英国对此大吃一惊，并向丰田佐吉购买了自动织布机的专利。

(3) 寻找专利空隙。通过对众多专利的研究，不仅可以寻找到许多成功发明的脉络，也可以找到许多失败技术的脉络，还可以找到潜在的、经过努力可望成功的技术的脉络。通过对这些脉络的调查，可以进一步发现成功与失败的原因在哪里，要使现在专利实用化的关键何在。可见，研究发明的脉络是一种有效的发明方法。这种方法，可以说是一种寻找现有专利的知识空隙的发明方法。它的具体步骤如下：①确定初始课题；②专利文献调查；③评价；④找出专利文献的知识空隙（如被忽视的现象，未引起人们注意的问题，文献缺乏的新知识等）；⑤增加新知识；⑥制订正式课题。

(4) 引申已有专利。专利都是为了满足某种需要的新的独创技术，既然是独创和首创，那么，往往缺乏多人的审查及长期实际的考验，这样就使专利技术一般都具有不完备性，因此可以进一步引申，使其臻于完善，以此为思路能较容易取得创新成果。

利用专利发明应注意以下 4 个问题。

(1) 尊重别人的知识产权。运用专利信息，应尊重别人的知识产权，切忌照抄照搬或变相剽窃。因此，应仔细阅读他人的专利文件，特别是其中的独立权利要求和从属权利要求，以免发生侵权行为。通常，一项专利的原理往往是公知的，而其产品的构造、技术方案或制造方法却是一种专有的、排他的权利。我们只能从中受启发，走自己的创新道路，而不能照猫画虎，侵犯他人权利。判断是否侵权的一个重要的判定标准是，看现有发明较原专利是否有创造性，如果有，则是一种新创造。

（2）吸取别人的教训。有许多专利文献未涉及的领域，既可能是待开垦的处女地，也可能是前人失败的雷区，对此我们应注意认真分析，并根据自己的实际情况量力而行。对于一些违反科学原理的误区，如隐身衣、水变油、电脑算命、长生药、聪明药、彩票规律、永动机、写作业机器、水上轻功等，应坚决避开。

（3）检索发明课题。当已确定了创新课题时，检索一下专利文献是完全有必要的。因为所从事的创造工作，或许早已由其他发明者解决了，在不知情的情况下盲目地投入人力、物力、财力，到头来依然结不出丰收之果，白忙一阵，是很可惜的。

当你通过检索，未发现自己的课题有任何专利文献资料记载，说明该课题可能是一个未开发的领域，这可以增强你从事创新的信心。

（4）注意阅读方式。阅读专利文献，并不需要整天埋头阅读详细的专利说明书，那是专利审查员的工作。较好的方法是阅读专利公报或专利摘抄文献，这样往往能给自己的创新思路带来很好的启发，使得思路开阔，联想丰富。详细阅读专利说明书，一是浪费时间，二是会不自觉地受现有技术的束缚。

11. 模仿迁移法

创造发明都是从模仿迁移开始的，由模仿迁移而进行发明创造的事例不少。例如，模仿鸟发明了飞机，研究蝙蝠对超声波的运用而创造了雷达。

我们知道，巍峨的高楼大厦、雄伟的桥梁都是由钢筋混凝土制成的，钢筋混凝土的发明，既不是建筑师，也不是化学家，而是法国一位种花的园艺师，名叫莫尼埃。人们发明了水泥后，就把它同黄砂、石子混合起来，制成混凝土，这种混凝土能承受一定的压力，但抗拉强度比较低，建筑物不够坚固，房子也最多建二层。莫尼埃用这种混凝土做成的花钵很容易破碎。有一天，他在观察植物的根系的发育情况时，发现其根在松软土壤里互相交叉，构成网状把土壤抱成一团。他从观察中得到了启示，联想到把混凝土中加一些网状的铁丝，就可以使花钵更结实。于是，他马上动手实验，果然有效。由此，他就发明了钢筋混凝土。

第五节 理解小实验

实验是实现教学目标的基本手段,是培养学生的操作技能、发展学生的非智力因素的主要途径。实验具有明显的基础性、通用性、典型性,对培养学生实事求是、理论联系实际的科学作风,对训练学生的实验方法、实验技能和实验设计思想有着重要作用。

一、小实验的目标

通过有关基础理论学习、实验设计、实验仪器及器械的使用、实验操作、实验结果记录与分析、实验报告书写及实验过程中的团结合作,达到如下目的。

(1) 培养学生理论来自实践的科学观点。

(2) 培养学生善思考、敏观察、会动手、准确表达及巧妙创新的能力。

(3) 培养学生对实验研究的兴趣,初步养成对科学工作的严肃态度、严格要求、严密思维、团结合作及实事求是的作风。

(4) 使学生初步掌握实验研究的基本方法和实验操作的基本技能,以及在科研设计及论文写作能力方面得到初步训练,为学生进行科学研究工作实践打下一定基础。

(5) 使学生加深对有关课程理论的理解,提高其对所学知识综合运用的能力。

二、小实验的类别

实验一般可以分为两类,一类是验证性实验,另一类是探究性实验。

1. 验证性实验

验证性实验是指对研究对象已经有了一定的了解,并形成了一定认识或提出了某种假说,为验证这种认识或假说是否正确而进行的一种实验。验证性实验强调演示和证明科学内容的活动、科学知识和科学过程分离,与背景无关,注重探究的结果(事实、概念、理论),而不是探究的过程。

验证性实验的目的是培养学生的实验操作、数据处理等基本技能,检验一个已知的结果是正确的。如观察植物细胞的质壁分离与复原实验,根据实验要求所获得的结果(是否出现质壁分离和复原的现象)来验证实验原理。

验证性实验通常采用"已知-验证-应用"的教学模式,学生用实验验证已学过的原理、概念或性质。这种"照方抓药"的模式是高度固定化的。验证性实验通常是指实验者针对已知的实验结果而进行的以验证实验结果、巩固和加强有关知识内容、培养实验操作能力为目的的重复性实验。验证性实验建立在已知结论的基础上，其实验原理、实验结果是已知的，因此，实验步骤的设计也应合乎实验结果。所以，在高考中这类实验题既有利于考查学生的能力，也有利于考查学生的学科基础，同时，也不至于让学生在审题中太过无所适从。

2. 探究性实验

探究性实验是通过实验来回答一个感兴趣的问题，激发学生的好奇心，培养科学探究能力。

在课程改革中，强调了探究性实验教学的重要地位。新的课程标准在科学探究上突出"提出问题；猜想与假设；制定计划与设计实验；进行实验与收集证据；分析与论证；评估；交流与合作"的理论内容。

探究性实验是指教师对知识不直接给出结论而是通过创设情景，启发、引导学生思考，提出问题，再让学生利用已有的知识和生活体验自主地去进行实验探究，最终得出结论，获取知识。

3. 探究性实验与验证性实验的比较

（1）探究性实验是指实验者在不知晓实验结果的前提下，通过自己实验、探索、分析、研究得出结论，从而形成科学概念的一种认知活动。

（2）验证性实验是指实验者针对已知的实验结果而进行的以验证实验结果、巩固和加强有关知识内容、培养实验操作能力为目的的重复性实验。

三、班组实验的规则

（1）实验前，学生必须认真预习，并写好预习报告，进入实验室须带上预习报告。

（2）实验前，应认真填写"学生分组实验登记表"。

（3）严格遵守实验室规则，保持安静和良好的课堂秩序，尊重指导老师。按照实验分组表进行实验。小组成员既要有明确分工，又要注意团结合作。这样既可提高实验的成功率，又能使每个同学都能得到应有的技能训练。

（4）实验前应检查、清理好所需的仪器、用具。如有缺损，应立即向教师报告。

（5）实验中，应认真、全面和敏锐地观察实验中出现的各种现象，准确、及时、客观地记录结果。在没有获得预期结果时，也应据实记录。整个实验过程都不得敷衍、马虎和主观臆测。不许在实验后单凭记忆来描述实验结果，不抄袭他人数据。

（6）实验全程要积极主动思考：①取得了什么结果？②为什么出现这种结果？③这种结果的意义是什么？④出现非预期结果的原因是什么？力求了解每个实验步骤和实验结果的意义。

（7）使用电源时，不带电接线或拆线，务必经过教师检查线路后才能接通电源。实验后要切断电源。

（8）爱护仪器，按仪器说明书或操作规程操作。仪器用具发生故障、损坏或丢失等特别情况，应立即向教师报告。不擅自拆卸、搬弄仪器。有损坏仪器的，应做出书面检查，等候处理。公用工具用完后应立即归还原处。

（9）实验中要注意安全，使用仪器、设备必须严格遵守操作规程。尽量节约水、电和其他消耗材料。如果仪器设备出现异常气味，如打火、冒烟、发热、响声、振动等现象，应立即切断电源，关闭仪器，并向教师报告。

（10）实验中若发生触电等人身伤害，应保持镇定并立即切断电源，马上向教师报告，以便采取相应措施。

（11）做完实验，应清点实验器材并洗净擦干，将仪器整理还原，桌面、凳子收拾整齐，如有仪器、器械损坏或遗失，要立即报告老师。

（12）实验室中任何仪器用具不带出实验室。

（13）每次实验后，安排值日学生打扫卫生并协助教师收整仪器。

（14）认真整理、分析实验结果，独立书写实验报告并按时交给老师评阅。

四、自主实验的要领

1. 明确实验目的

首先应知道实验想要证明什么、看到什么或者掌握什么，清楚地知道实验的目的。

2. 确定实验方法

在了解了实验的目标的基础上，确定实验的基本方法。

3. 设计实验步骤

在确定了实验目的、实验方法后，设计实验的基本步骤。

4. 考虑实验细节

要仔细想一想基本实验过程中的每个环节应注意什么，整个实验过程中哪些条件不能变，哪些条件能变，容易出现哪些安全问题。

5. 准备实验材料

根据具体的实验步骤，一步一步地准备实验需要的材料。例如，竖直称量物体的重力时，就需要考虑测力器和重物；要记录就应考虑到纸和笔。比较开放性的实验，如种植、养殖等实践活动，实验材料应考虑适用性、易得性和成本问题。在准备材料时，可以从身边着手，联系当地的自然条件和周围环境。

6. 制定记录表格

设计好实验原始记录的表格。

7. 撰写实验报告

根据实验名称、实验目的、实验器材、实验原理、实验步骤、实验解说、实验注意事项等内容撰写实验报告。

第六节　解析小制作

小制作是课外活动的重要内容和方式，它与课堂教学相伴而行，互为侧重，形成一个有机的教学整体。小制作是一种开放型的教学方式。通过小制作，学生的个性得到培养，特长得到发展，开拓精神、创造才能、动手能力、理论联系实际的能力、想象力等都得到提高。

一、小制作的特点

（1）结构简单。一般只要制作几个零件，再组装起来就完成了。

（2）材料好找。很多材料在家里就可以找到，如空纸盒、牙膏皮、泡沫塑料、罐头筒、废圆珠笔芯、坏了的玩具、铁丝、铁片等。

（3）加工容易。多数项目工艺技术要求低，学生都可以掌握。

（4）花钱少。有些项目甚至可以不花钱，不会增加家庭负担。

（5）完成作品时间短。不少项目只要一天、半天就可以完成，这符合青少年的心理，容易推广普及。

（6）活动形式灵活。由于活动不受教材、人员、环境等因素的限制，也没有固定的活动模式，因此它是一种灵活的活动。且活动内容新颖、有趣，形式比较开放、自由，就更容易满足学生的好奇心和探究欲望。

（7）便于面向全体学生。小制作是大面积提高学生科学素质的有效途径。我们利用丰富多彩的活动，开阔学生视野，增长学生才干，培养他们动手动脑的能力，从而发展个性，健康身心，达到全面、和谐发展的目的。

（8）要利用工具。用手挖块泥巴，捏成泥人，这个不算小制作。因为没利用任何工具，所以你捏得好只能算艺术品，跟科技不搭边。只要在制作过程中使用了比螺丝刀更复杂的工具，都应该算是科技制作。科技分为"高"科技和"低"科技，我们只关注"低"科技。

另外，科技小制作虽称之为"小"，其实是小中见大。所谓"大"，是指科学原理。只要学生的知识层次与能力层次允许，就可以让学生更多地应用其他学科的知识与技能，如物理、化学、生物、地理等学科的知识，浅显易懂、与学生日常生活联系紧密的科学原理、常识性知识等都可选为综合实践活动主题的内容。作品中涉及的科学原理不是教会的，而是学生在活动中感悟到的。

二、小制作的目标

（1）让学生感知到手工制作的创意空间是无止境的，学生产生强烈的学习和创作欲望，形成对自己的控制能力，尤其是手眼脑的协调运用。

（2）在手工制作活动中，给学生提供大量的动手实践机会，扩大学生视野，丰富学生知识。学生每制作一件成品，就是一次智慧的闪光。不断地制作，会使学生的才智逐步发展，逐步产生改革作品的愿望，闪耀出创造的火花。

（3）让学生初步掌握一些力所能及的手工制作技巧，学会使用简单工具。了解常用材料的基本性能，培养学生热爱劳动、热爱科学、克服困难的坚强信心，懂得制作与生活的相关道理，形成自悟的习惯。

（4）通过动手制作，训练手脑并用，鼓励学生勇于实践，敢于创新。启发学生观察生活中的美，通过艺术美化学生的心灵。

（5）帮助学生养成独立思考的习惯，并通过想象力、创造力的培养，促进学生个性化发展。养成遵守纪律，珍惜劳动成果的习惯。

（6）科技小制作能充分发挥学生的想象力和创造性，提高学生综合运用知识解决问题的能力，有利于提高学生的综合素质。

三、小制作的要求

1. 选好课题是关键

在进行科技小制作时，所选课题不仅要有实际意义，还要考虑学生的实际情况。要有意识地注意观察生活中的一些现象，透过现象看本质，从现象中找问题，再联系所学知识从多个方位考虑解决问题的方法。

2. 制作要有科学性

在科技小制作的过程中，包括作品的选题、设计、成果等都要符合科学规律，要有科学意义和合理性。作品表现的现象要客观、真实、准确、形象，并能通过对其的观察，了解活动规律。例如，"狗条件反射演示仪"，采用小狗的剥制标本，运用集成电路、光电元件结合综合控制技术，造型美观形象逼真，演示时，小狗受刺激后会"狂吠、闪眼、张口、流口水"。通过这些形象的表现，揭示出"条件反射"的过程及机理。

3. 制作要有创造性

作品所用技术要先进、新颖，能填补科技的空白或比原技术有显著进步。

4. 制作要有实用性

作品要有社会效益或实用价值，能运用于教学或科学研究，或对科学知识普及教育有积极作用。作品能进行工厂化生产，原材料来源可靠，选料合理，可推广使用，这样的作品才有实用价值。各种材料在制作中都无危害性和副作用，设计科学，工艺严谨，制作方便，容易操作，有较高的经济效益和实用价值。

四、小制作的三个层次

1. 照图施工式科技制作

由科技制作的设计者设计生产出科技活动器材和图纸，写出说明书，学生利用现成的器材，按照说明书介绍的制作方法进行操作。这种科技制作对培养学生的操作能力十分有效，有的制作着重培养操作的准确性，有的制作着重培养使用工具的能力。

（1）制作"土电话"。

土电话是利用声音振动传播的原理设计的。它取材简单，制作方便，适合低年级学生制作。

A. 制作方法。

a. 话筒。找两只塑料冰激凌杯或纸杯，用剪刀把杯底剪掉。每个纸杯都既做话筒又做听筒。

b. 振动膜。用牛皮纸做振动膜，将纸剪成圆形，比纸杯底直径略大。用胶水将圆形纸膜贴在杯底，纸尽可能拉紧。

c. 穿线。找一根几米长的棉线，把两个纸杯连起来，用大头针在纸杯振动膜的中心穿一小孔，把棉线分别穿入两个纸杯中，并打个结。这样，土电话就做成了。

B. 游戏方法。

让两个学生，各拿一个纸杯，一人把纸杯当话筒，一人把纸杯当听筒。当一人对着话筒小声说话时，声音使振动膜发生振动，通过拉紧的棉线传到对方的振动膜上，使听筒那边同样振动，这样声音就传到另一个人的耳朵里去了。

（2）制作指南针。

指南针是我国古代四大发明之一。它在日常生活中有很大用途，是根据磁学原理制作的。

取三合板一块，锯一块直径为120毫米的底板，把表面和边缘用砂纸磨光。在一张画纸上标好符号，按尺寸把盘面剪下，贴在底盘下，取一枚大头针或缝衣针，从底盘背面中心穿过，将尖头露出盘面做轴。根据尺寸把一块白铁皮剪成指针形状，并钻一个直径 2 毫米的孔，把一颗纽扣固定在指针上。用一块永久磁铁触指针数次，使指针磁化。最后，把指针放在轴上。注意指针哪头指向北，就将这头涂成红色。

在使用时，不要让指针接触磁性很强的磁铁，以免影响指南针的磁极。

2．改革式科技制作

由科技制作的设计者设计生产出科技活动器材和图纸，写出说明书，但是图纸和说明书都留有余地，学生可以对科技制作进行改革、组合，自己制作出形形色色的作品。有的只是提供器材和参考图，完全由学生自己设计作品，如积木式制作、拼接式制作。这种科技制作不但有利于培养学生的操作能力，而且能激发学生的想象力、创造力。

例如，废塑料瓶制作。取可乐瓶一只，去掉底盖，用剪刀剪去离瓶底 2/5 的部分，注意要保留 1.5 厘米宽作为花篮柄；将剩下的 3/5，剪成一条一条到瓶子颈部，宽度可以根据需要而定；然后将一条条的塑料带向外翻过来到瓶盖处黏牢，这样花篮就做好了。在花篮中放入一些鲜花，就成了非常漂亮的装饰品。

要求：只要是利用废塑料瓶子，做出的作品有用或欣赏都可以。

3．创造式科技制作

把科技制作的目标、条件告知学生，让他们自己设计、自己找材料、自己制作作品。这种制作体现了技术活动的过程：为了社会的需要（制作目标），在头脑里先产生"技术原子"，然后开始进行把自然物改造为人工物的活动。这种科技制作活动可以培养学生的科技意识、思维能力、操作能力、观察能力、创造能力等。

例如，太阳能利用设计比赛。

（1）组织学生搜集利用太阳能的信息，把设计比赛的要求讲明白：自己设计一种搜集太阳能、利用太阳能的设备，画出设计图，做出模型或实物。可以把任务分配给小组，在课外或者在活动课上开展小组活动。

（2）举行报告会，由学生自己介绍目前太阳能利用的情况，自己设计的太阳能产品图，或者展示自己制作的模型、实物。

（3）对学生的设计进行评比。

（4）请参加本课程学习的学员自己设计、制作一个利用太阳能的设备或者模型。

五、小制作应注意的问题

（1）要从学生的实际情况出发，不能贪大求洋、不能急功近利。

（2）平时要注意引导学生多观察、多了解大自然，常见的现象往往能刺激学生形成创作灵感。

（3）注意安全。尤其是有伤害作用和污染的药品，要求学生按规则使用；使用解剖器具或有可能形成伤害的工具时，应严格执行操作规则；野外采集标本时应注意

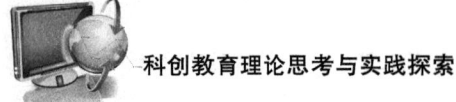

安全，属于国家保护的要有有关部门的批准。

（4）作品要有艺术性，造型美观大方，形象逼真可爱，感染力强，使学生在学到科学知识的同时，又得到美的享受。

（5）选用的材料要合理、科学。材料来源可靠，质地适宜，抗腐耐用，价格适中，制作简便，稳定性好。

总之，科技小制作是一项很有益的课外活动，通过科技小制作，能充分激发学生的潜能，激发学生的求知欲，提高其学习积极性，进而提高学生技能和应用知识的能力，提高全面的学生素质。

六、实施科技制作活动的策略

1. 活动主题的要求

（1）要体现一个"小"字。学生的创造思维的发展，除年龄特征、个性特征有差异外，还有知识、技能积累、逻辑思维基础的不同，因此科技小制作类活动主题的选择，要从小处入手，贴近学生的日常学习生活和社会生活。

（2）要突出一个"趣"字。科技小制作的活动主题、活动内容或活动形式要力求新颖别致、富有吸引力。

（3）要提倡一个"动"字。活动主题的选择要让学生能够亲身经历、动手操作，能让学生积极主动地参与各项小制作活动。通过认真观察，动脑设计、动手操作修改、交流讨论等一系列活动，学生充分地"动"起来，这样才能达到发展学生的思维能力，提高学生的动手实践能力、发现和解决问题的能力及综合运用所学知识的能力的目的。

2. 活动主题的内容

（1）科技小手工。利用废旧材料，依照图纸、说明或印制好的材料进行制作，或经过设计、加工、制作成的工艺品、实物模型、小玩具等。

（2）科技小制作。利用废旧材料，经过设计、加工、制作成的具有一定科学原理或科技含量的作品，如利用工业的下脚料（金属、塑料等）、商业的外包装物（易拉罐、可乐瓶、包装盒等），以及损坏的玩具、钟表、小家电中拆下来的齿轮、电线、小变压器等，制作成小模型、小玩具、小工具、电子设计等。

（3）生活中的小发明。发现生活、学习用品的不足、缺陷，发明创造出可以弥补不足与缺陷的小发明，或发明出实用、多功能的新型用具。（注：如果无条件制作，也可以只写出创造发明创意，包括：设计思路、设计原理、设计图纸等）。

3. 活动的组织形式

科技小制作主题活动要根据活动目的和内容的需要，采取切合实际的组织形式，

以增强活动的实效性。

（1）学生单独制作。鼓励学生学会从书刊、电视、广播、互联网及专家那里获得信息，指导学生自主搜索、分析、加工信息，让学生单独制作物品，培养学生独立学习的能力。只有这样，在学习过程中学生才能激活已有的知识，并运用已有的知识储备去探究、解决现实问题。

（2）小组合作制作。合作是人类社会赖以生存和发展的重要动力。学会共同生活，培养在活动中的参与和合作精神是教育不可缺少的重要组成部分。科技小制作也是如此，有效地开展合作学习活动，可以唤醒学生沉睡的潜能，激活封存的记忆，开启封闭的心智，从而各抒己见、取长补短。

（3）学生和家长一起制作。小制作还要注意调动家长的积极性。教师必须尊重学生的意愿，以开放的观念和心态，引领他们到校园、家庭、大自然中去学科学、用科学。家庭是科学教育中一片重要的天地，教师要调动学生的家长，让家长和教师一起来关注孩子的科学行动，一起参加科技小制作。

七、提高科技制作活动的效率

1. 激发学生动手制作的愿望

要让学生把制作活动当作内心的一种愿望，而不是当作必须要完成的任务。教师要激励学生在制作活动中始终保持浓厚的兴趣。只有当学生有了完成制作活动的兴趣与愿望，制作活动才能顺利进行到底。例如，教师通过逼真的画面和有趣的故事，创设生动的情境，激发学生学习制作的兴趣，从而进入到制作活动中。

2. 提供丰富易得的制作材料

每一次制作活动的教学需要准备的材料是丰富多彩的，往往准备材料的时间比制作还要多。学生制作过程顺利与否，关键在于所用的材料。如何提供丰富易得的制作材料呢？一方面，课前教师要给学生布置好带材料的任务，告诉学生与制作活动有关的材料、工具及替代品，以及寻得材料的场所和途径，因为不是所有的材料都能轻而易举就能得到。另一方面，教师需要尽力准备齐全，以防学生因没有准备材料而在制作活动课上空闲起来。

材料准备是一件极其烦琐的事，现在的一些废品又得花钱、花精力去"淘"，但提供丰富的制作材料是开展好科技制作主题活动的关键。如果教师准备不足，就会导致制作活动教学效果差，因此，更需要教师平时做一个有心人，随时进行一些材料的收集、积累与保管，以备不时之需。

3. 让学生明确制作活动的要求

科技制作主题活动，要防止学生盲目地进行制作。有的学生认为制作活动课就是玩的课，不去深入思考，敷衍了事，整节课都停留在嬉戏、逗玩、打闹上。因此，在制作前教师要让学生明确了解每一节制作活动课的具体任务，要达到的目标，完成一个怎样的作品。制作前的设计方案、作品完成后本身的变量及制作好后进行实验的变量控制等，学生都要做到心中有数。只有让学生明确制作活动的要求，才能有效地引导学生把制作的作品完成得更加成功。

4. 制作过程中教师要给予适当的指导

在科技制作主题活动中，教师更应关注学生完成作品制作的过程。只有重视学生在制作过程中碰到的困难、需求等，才能令学生对制作活动保持满腔热情并持之以恒，因此，教师要对学生的制作活动给予适当而及时的指导。

在制作课教学展示中，老师会制作许多作品范例。那么，如何用好这些范例？有的教师把范例当作准绳，自己在课堂中先做一遍范例，然后让学生模仿做一遍。学生了解的是某个作品的制作过程，这是封闭式的技术学习。有的教师把范例当作学生作品技术探究的载体，让学生拆一拆、动一动、玩一玩。学生从范例剖析中了解到作品是怎么完成的，为什么这样做，还可以怎么做。这就是开放式的技术学习。

我们比较提倡后一种对范例的处理方法。尤其在制作类主题学习中，我们可以通过范例剖析，引导学生找出需要解决的问题，分析可能解决的方法。即学生能根据设计要求选择合适的材料和工具，构思作品的草图，制订制作的步骤或方法。这样做更能激发学生的探究热情，真正地提高学生的思维能力和解决问题的能力，让学生真正学有所得。

5. 让学生解释制作中运用到的知识原理

在科技小制作活动的最后，教师应让学生解释制作作品所用到的科学知识、科学原理，一方面发展他们的语言表达能力，另一方面促进他们的思维升华，提高他们思考问题的能力，巩固和运用所学科学知识。

让学生阐述制作活动所用知识原理的过程，看起来有些多余，似乎与动手制作本身风马牛不相及，但实际上能把学生引入到更深入的科学探索活动中去。

6. 组织好展示、评价、激励活动

要充分重视学生的劳动成果，通过多种形式来展示学生的作品，让他们获得一种与科学家搞发明相似的成就感。展示的形式有：①在课堂上展示，在全班同学面前肯定努力的同学；②在班级展示角或荣誉角展示，主要是让学生把课外继续改进的作品展示出来；③在学校展示区展示，主要是把优秀作品较长时间保管到展示区；④在各级科技小作品评选中展示。这些展示具有激励作用，能大大激发学生的制作兴趣。

评价的过程，应是师生之间、生生之间交流互动的过程。展示与评价的过程，应是制作活动最精彩的部分，是孩子们最盼望的时刻，也是下一次制作探究的原始动力。在展示、评价中交流，会让制作过程中不同的制作者贡献出各自的成功做法，学

生在交流碰撞中学会汲取、共享他人的思维方法和成果，从而不断完善自己的制作作品，产生更完美的想法。同时，在交流过程中会有新的发展、新的创造。

来自教师的评价更能让每一个孩子获得成功的体验。因此，教师应以激励性评价为主，关注学生制作的过程和情感态度，关注相互间的合作互助，关注每一个细节，关注孩子们对活动材料、桌凳、场地卫生的爱惜等。总之，教师要采取各种措施来激发孩子们学习科学的兴趣，让他们投入到更多、更持久的制作活动中来。

7. 让制作活动向课外延伸

时间是保证制作活动有效性的前提。毕竟课堂 40 分钟的时间是有限的，因此，将制作活动向课外延伸，以保证学生有充足的时间来参与制作探究。教师要鼓励学生在家里进行制作，要争取家长的支持与辅导，这样才能得到更合适的材料和不断改进的时间，能养成持之以恒、承受失败的品质。另外，教师可将一些制作活动布置为家庭作业，把一些科学小制作、小发明比赛引入到全体学生中，让他们积极参与。

第七节　撰写小论文

科技小论文体现了青少年通过力所能及的观察与实验而发明、发现、创造的新方法、新工艺、新发现。科技小论文是在科学研究、科学实验的基础上，对自然科学和专业技术领域里的某些现象或问题进行专题研究、分析和阐述，揭示出这些现象和问题的本质及其规律而撰写成的文章。可以运用它们进行成果推广、信息交流，促进科学技术的发展。

一、小论文的特点

科技小论文有如下特点。

（1）"小"。同正规学术论文相比，科学小论文的选题较小，内容较浅，因而篇幅也不长。

（2）科学性。科学小论文的材料，应当是真实可靠的，不允许夸大或虚构；观点应当是在经过细致的思考与研究后实事求是地提出来的，而不是任意的猜测或臆断；语言应当是准确、清晰、严密、合乎逻辑的，不能模棱两可、含糊费解、粗疏缺漏。

（3）创造性。是否具有一定的创造性，是衡量科技小论文质量的重要标准。要在科技小论文里，提出自己在观察、调查或考察中获得的新发现，在实验或制作中运用的新方法，在科技活动中得到的新成果，在深入钻研某种科学知识后积累的新见解，从而能给人以一定的启发。

二、小论文的写作要求

一篇自然科学小论文的写作，大致分为科学选题、搜集材料、提炼观点、安排结构、起草修改5个步骤。

1. 科学选题

不能选择违背自然规律的课题，同时要注意结合自己的特长，选择感兴趣的题目。研究的题目要有一定的新意，尽可能从别人尚未发现、尚未研究、尚未重视的方面去考虑选题，尤其要结合自己在观察、实验、调查、考察、制作和学习、钻研中所得到的新发现、新成果、新认识、新体会去选择题目。

题目还应当确定得小一些，这样研究范围和研究角度就会有所限制，题目太大，写的时候容易面面俱到，泛泛而谈，很难深入到问题的实质。例如，对于中学生来说，选择"论数学解题思路"这样的题目，就不如选择"一种简易的氧气制作方法"。后面这个选题，缩小了问题的范围，专门研究某一个"点"，学生容易把握，写深写好的可能性更大。

2. 搜集材料

要注意材料的准确性，必须核实观察、实验、调查、考察所得到的事实、数据，核实查阅报刊书籍、科技文献所得到的资料、例证，以免材料出现差错而影响论文的科学性。还要注意材料的时效性，尽力搜集自己所能发现的同研究题目有关的新的第一手材料。此外，掌握材料应力求全面，要根据题目所确定的研究对象和范围，搜集尽可能多的材料。材料太少，没有选择的余地，写出来的论文就缺乏说服力。

3. 提炼观点

就是对材料进行分析、比较、概括后提出自己的看法。可以是对观察、实验中新发现、新创造的归纳总结，也可以是对调查、考察中发现的新情况、新问题的分析论述，还可以是在某门学科学习、钻研过程中形成的创造性见解。当搜集材料的工作进行到一定阶段，就要对已经积累的材料加以分类比较，仔细筛选，实事求是地进行分析、归纳，找出具有规律性的共同点，形成正确的合乎科学的观点。有时还需要继续搜集新的材料，以更好地提炼观点。观点的表述，要精确、清晰、简练，不能含糊费解。

4. 安排结构

应当针对不同类型的科学小论文灵活安排结构。常见的小论文，一般由三个部分组成。开头部分（或称"引言"），提出问题，或紧扣题目对全文内容作一概括介绍；主体部分，分析问题，说明有关的观察、实验、调查、考察、制作、设想等情况，为

归纳科学的结论做准备；结尾部分（或称"结论"），解决问题，作出结论。

先分层论述、说明有关情况，后总结观点的"先分后总"结构，以及先总说观点，后分层论述的"先总后分"结构，也是比较常见的。结构是为恰当地组织材料、鲜明地提出观点服务的，无论怎样安排，都应当注意条理清楚，观点与材料一致，反映出科学论证的过程，使论文具有说服力。为了使结构合理，拟个详细提纲是很有必要的。

5．起草修改

按照提纲写出初稿并修改，不仅是细致的语言表达工作，而且是研究深入化和思维周密化的过程，要力求准确和严密。跟写一般的说明文、议论文相比，科学小论文写作中的表述和修改显得更为重要。因为科学研究活动是十分严谨精细的，反映科研的过程和成果不能粗心大意。要认真起草，认真琢磨，反复修改，一丝不苟。

对观点是否正确、可靠，材料是否恰当、翔实，结构是否合理、周密，观点和材料是否统一，数据和引文是否准确，语言是否准确、简明、连贯、规范，图、表是否清晰、适用，都应花力气仔细检查、仔细推敲。

三、小论文的写作格式

一篇完整的科技论文应包括题目、署名、摘要、关键词、引言、正文、结论、参考文献八个部分。

1．题目

题目要求用简洁、恰当的词组反映文章的特定内容，将论文的主题准确无误地告诉读者，并且使之具有画龙点睛，激起读者兴趣的功能。

一般情况下，题目中应包括文章的主要关键词。题名像一条标签，切忌用较长的主、谓、宾语结构的完整语句逐点描述论文的内容，以达到"简洁"的要求，而"恰当"的要求应反映在用词的中肯、醒目、好读、好记上。当然，也要避免过分笼统或哗众取宠的所谓简洁，缺乏可检索性，以至于名实不符或无法反映出每篇文章应有的特色。题名应简短，不应过长，一般不宜超过20个汉字。

2．署名

著者是指在论文主题内容的构思、具体研究工作的执行及撰稿执笔等方面的全部或局部上作出主要贡献的人员，能够对论文的主要内容负责答辩的人员，是论文的法定权人和责任者。

署名人数不宜太多，对论文涉及的部分内容做过咨询、给过某种帮助或参与常规劳务的人员不宜按著者身份署名，但可以注明他们曾参与了哪一部分具体工作，或通过文末致谢的方式对他们的贡献和劳动表示谢意。合写论文的著者应按论文工作贡献的多少顺序排列。著者的姓名应给全名，一般用真实姓名。同时还应给出著者完成研究工作的单位或著者所在的工作单位或通信地址。

3. 摘要

摘要是科技论文的必要附加部分，只有极短的文章才能省略。摘要是以提供文献内容梗概为目的，不加评论和补充解释，简明确切地记述文献重要内容的短文，应包括目的、方法、结果、结论。

摘要要着重反映文稿中的新观点，不要重复本学科领域已成常识的内容，不要简单地重复题名中已有的信息，书写要合乎语法，尽量同文稿的文体保持一致，结构要严谨，表达要简明，语义要确切，字数一般在300字左右。

4. 关键词

为了便于读者从浩如烟海的书刊中寻找文献，特别是适应计算机自动检索的需要，应在摘要后给出3～8个关键词。选能反映文献特征内容、通用性比较强的关键词。

5. 引言

引言（前言、序言、概述）经常作为科技论文的开端，应简明介绍科技论文的背景、相关领域的前人研究历史与现状（有时亦称这部分为文献综述），以及著者的意图与分析依据，包括科技论文的追求目标、研究范围和理论、技术方案的选取等。引言应言简意赅，不要等同于摘要，或成为摘要的注释。

6. 正文

正文是科技论文的核心组成部分，主要回答"怎么研究"这个问题。正文应充分阐明科技论文的观点、原理、方法及具体达到预期目标的整个过程，并且突出一个"新"字，以反映科技论文具有的首创性。根据需要，论文可以分层深入，逐层剖析，设分层标题。

科技论文写作不要求文字华丽，但要求思路清晰、合乎逻辑，用语简洁准确、明快流畅，内容务求客观、科学、完备，要尽量让事实和数据说话，凡是用简要的文字能够说清楚的，应用文字陈述，用文字不容易说明白或说起来比较烦琐的，应由表或图来陈述。物理量和单位应采用法定计量单位。

7. 结论

结论是整篇文章的最后总结，不是必要组成部分。主要回答"研究出了什么"。它应该以正文中的试验或考察中得到的现象、数据和阐述分析作为依据，由此完整、准确、简洁地指出：①由研究对象进行考察或实验得到的结果所揭示的原理及其普遍性；②研究中有无发现例外或本论文尚难以解释和解决的问题；③与先前已经发表过的（包括他人或著者自己）研究工作的异同；④本论文在理论上与实用上的意义与价值；⑤对进一步深入研究本课题的建议。

8．参考文献

参考文献是反映文稿的科学依据和著者出于尊重他人的研究成果而向读者提供文中引用有关资料的出处，或为了节约篇幅和叙述方便，提供在论文中提及而没有展开的有关内容的详尽文本。被列入论文的参考文献应该只限于那些著者亲自阅读过和论文中引用过，而且正式发表的出版物，或其他有关档案资料，包括专利文件等文献。

四、小论文的类型

1．科学调查小论文

调查报告是针对某些问题，深入到社会和大自然及生产和生活中，进行有计划有目的的调查研究，并把调查研究的情况、结果写成文字。科学调查小论文的特点包括以下三点。

（1）全面性。要做到全面深入地了解、调查、反映有关情况和现状。

（2）调查的内容、调查的经过、调查的问题，要求全面。

（3）客观性。反映调查的现状、情况要实事求是，不能带有感情色彩或个人的某些倾向。

在进行科学调查小论文写作时应注意以下几个问题。

（1）在做好记录、收集、整理大量翔实可靠的第一手资料的工作基础上写作。

（2）要全面客观地反映调查情况。

（3）要分清主次。

（4）主要的具体详写。

（5）次要的概括简略。

（6）要透过现象看本质。

2．科学实验小论文

科学实验小论文有时也称实验报告，是青少年对研究的对象创设特定的条件，经过反复实验，对获取的材料和数据进行分析、综合得出结论而写出的文章。它着眼于对实验过程的客观叙述以及实验现象的科学解释。

实验报告是在自然科学的研究中，描述、记录某一项研究课题的实验过程和结果的报告，有如下特点。

（1）正确性。实验原理、方法、数据及结论都正确无误。在表述实验过程时，也要准确无差错。

（2）如实性。要把实验中观察到的各种现象如实地记录下来，要做到一是一，二是二，不夸大也不缩小。

(3) 科学性。实验的结果能被证实，也就是说，在相同的条件下，可以重复这个实验，并能取得相同结果。

一般来讲撰写实验报告应写好以下内容。

(1) 介绍实验设想的形成。

 a. 说明实验课题过程的确立。

 b. 说明别人在这个领域里已经做过的研究工作。

 c. 说明实验的目的。

(2) 介绍实验的设计。

 a. 说明实验的范围。

 b. 介绍实验方法。

 c. 写清实验假说（实验之前对事实的猜测）。

(3) 阐述实验过程。

 a. 简要介绍实验过程。

 b. 指出实验中着重研究的问题。

 c. 论述解决问题的过程。

 d. 介绍实验资料的收集情况。

(4) 阐明实验的结果。

(5) 分析实验结果。

(6) 推导出实验结论。

3. 科学观察小论文

观察是人们有目的、有计划地在一定的情况下，运用各种感觉器官，或借助科学仪器等技术手段，确定被研究对象，准确记录有关的现象，并通过对现象的分析，了解事物本质和规律的一种方法。

科学观察小论文，是指青少年对某事物或自然现象通过周密细致地观察，并对取得的材料和数据进行认真的分析、综合研究后得出结论，作出科学的解释和描述。

需要注意的是，科学观察小论文研究的对象是客观存在的自然事物或现象，所观察的对象、过程和它产生的条件、各种现象，不能附加人为的任何条件或个人偏见。另外，观察是一项长期的、系统的、反复进行的活动，需要作者具有耐心、细致、锲而不舍的精神。

观察的类型包括以下两种：

(1) 长期观察。在较长的时间内，连续地系统地观察事物发展变化的过程的方法。

(2) 定期观察。在一定的时期内，定时对客观事物的发展变化过程进行观察的方法。

观察从内容上可以分为以下两种：

（1）全面观察。对客观事物（研究对象），在一定时期内各个方面的现象进行全面而系统的观察。

（2）重点观察。对研究对象，在一定时间内，某一方面或某几方面的特点或规律的观察。

观察的一般步骤包括以下四步。

（1）做好观察准备。

a．明确观察的目的和任务。

b．确定观察中心和范围。

c．拟定一份观察计划。

（2）了解实地观察的注意事项。

a．尽量按观察计划进行。

b．要仔细观察。

c．要选择适宜的位置与方式。

d．在自然的、真实的状态下进行观察，防止观察者对被观察对象带来自然以外的影响。

e．要排除个人因素的掺入，不以预定结论出发寻找事实。

f．对观察中出现的意料之外的现象，要及时捕捉，也许这正是创造性的发现。

（3）做好观察记录。

记录应伴随观察进行，决不可事后记录，且记录要详细，清晰可读，便于整理。

（4）整理观察材料，进行结果分析。

4．科学研究小论文

研究报告是一种针对自然科学领域里存在的某些现象问题，以及新的情况、矛盾，展开较广泛深入的研究和讨论，从理论和实践的结合上提出解决问题的意见、办法、方案、措施等理论性相对较强的科技小论文。

研究小论文的特点如下。

（1）针对性。人类目前存在的主要问题，或亟待解决的问题。

（2）可操作性。研究报告的首选是发现和提出问题，而着力点则是提出一些解决问题的主张、办法或措施。

研究小论的写作要求包括以下三点。

（1）紧密结合身边的工农业生产和生活，提出研讨课题。

（2）课题选定后，要通过调查、采访、现场观察回忆、反思、整理笔记，准备大量的理论材料和事实材料。

（3）从理论与实践的结合上进行分析研究，找出问题产生的原因并提供对策，即具体提出解决存在问题的意见和办法、方案、措施。

5. 科学说明小论文

科学说明小论文是指作者通过利用翔实可靠的资料对某一自然现象或自然事物进行解释和说明的一类小论文。一般来说，它并不直接采取观察、实验、考察等研究手段，而主要是从书刊资料、师长等地方获取丰富的第二手材料，并经过自己的综合分析、逻辑推理，用自己所理解的语言阐明某一观点。特别值得注意的是，写科学说明小论文，千万不要在提出一个问题后就赶忙查资料，不加分析地原本照抄、作出解释，这样没有新意。没有新的见解的文章只能算是一般性科普文章，不能称为科学小论文，更不能培养自己研究问题的能力。

第三章 科创教育案例分析

第一节 小发明示例

 发明一 一种防遗忘物品的卫生间安全门

1. 技术领域

本实用新型涉及卫生间安全门技术领域,具体为一种防遗忘物品的卫生间安全门。

2. 背景技术

在回家的路上,突然想到前几天妈妈逛商场时,将手机遗忘在了商场的卫生间,我想,如果能发明一个防丢失贵重物品在卫生间的东西就好了,因此提出一种防遗忘物品的卫生间安全门。

3. 发明内容

本发明的目的在于提供一种防遗忘物品的卫生间安全门,以解决上述背景技术中出现的问题。

为实现上述目的,本发明提供如下技术方案。防遗忘物品的卫生间安全门,包括安全门主体(图3-1),安全门主体的正面左侧上下对称设置有铰链,右侧设置有门栓组件。门栓组件包括安装座、定位柱、门栓、连接座、挂包钩和物品放置盒(图3-2),其中安装座的内部右上侧设置有定位柱,安装座的上侧内部通过定位柱安装有门栓,门栓的左端设置有连接座,门栓通过连接座安装有挂包钩,门栓的基面设置有物品放置盒,如图3-3所示。

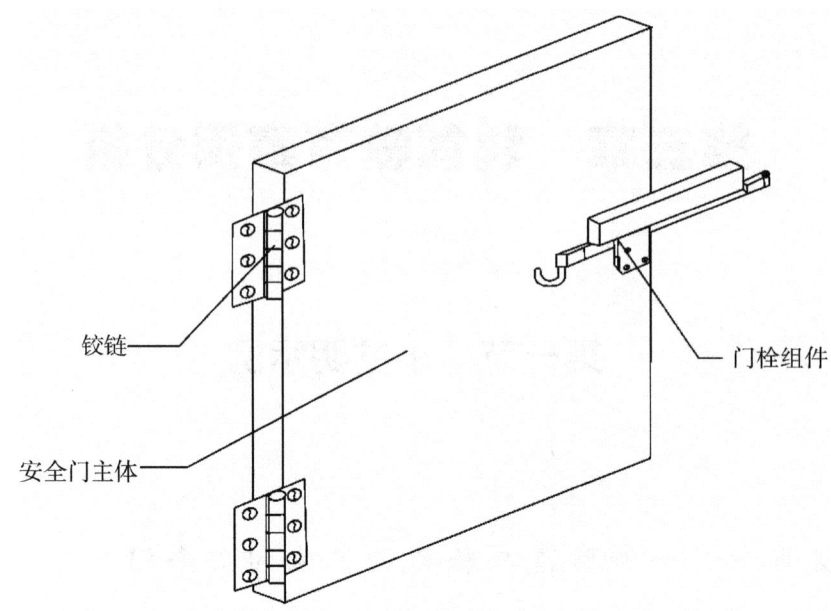

图3-1 安全门的整体主视图

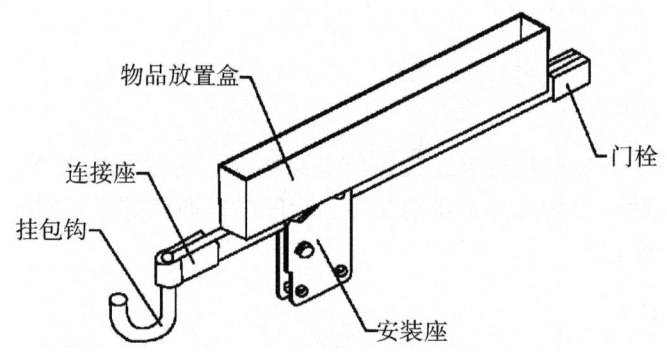

图3-2 门栓组件整件结构

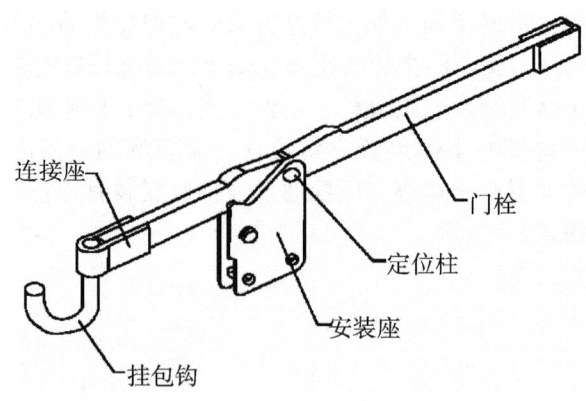

图3-3 门栓组件部分结构

门栓组件位于安全门主体右侧中间处偏上位置。

物品放置盒随着门栓水平置于门栓的基面。

挂包钩与连接座转动连接。

安装座通过连接螺栓与安全门主体连接。

定位柱与挂包钩之间的间距占门栓长度的三分之一。

与现有技术相比，本发明的有益效果是：

在本发明中，通过设置的门栓组件将卫生间的门栓加长，在门栓的基面增加一个物品放置盒，在使用卫生间时，将卫生间的门锁住的同时，物品放置盒随着门栓水平置于门栓上，可以将随身携带的物品（如手机、钱包等）放入物品放置盒内。因为在离开时，必须将门栓移开才能将门打开，同时，我们必须先将放在物品放置盒内的随身物品拿开后才能将门栓移开，所以能够有效地避免物品丢失。将挂包钩设置在门栓末端，当有重物挂上时，门栓受到重力，自动锁住；在需要开门离开时，必须将挂在挂包钩上的物品拿开，使门栓的一端下沉（门栓自身重量），门才能打开，这样门在组件整体的实用性较高。

4. 具体实施方式

下面将结合发明一中的图3-1，对本发明的技术方案进行清楚、完整地描述。显然，所描述的实施例仅仅是本实用新型的一部分实施例，而不是全部的实施例，基于本实用新型中的实施例，本领域普通技术人员在没有做出创造性劳动的前提下所获得的所有其他实施例，都属于本实用新型保护的范围。

本发明提供了一种技术方案，如图3-3所示。

防遗忘物品的卫生间安全门，包括安全门主体，安全门主体的正面左侧上下对称设置有铰链，安全门主体的正面右侧设置有门栓组件。门栓组件包括安装座、定位柱、门栓、连接座、挂包钩和物品放置盒，安装座的内部右上侧设置有定位柱，安装座的上侧内部通过定位柱安装有门栓，门栓的左端设置有连接座，门栓通过连接座安装有挂包钩，门栓的基面设置有物品放置盒，门栓组件位于安全门主体右侧中间处偏上位置，物品放置盒随着门栓水平置于门栓的基面，挂包钩与连接座转动连接，安装座通过连接螺栓与安全门主体连接，定位柱与挂包钩之间的间距占门栓长度的三分之一。通过设置的门栓组件将卫生间的门栓加长，在门栓的基面增加一个物品放置盒，在使用卫生间时，将卫生间的门锁住的同时，物品放置盒随着门栓水平置于门栓上，可以将随身携带的物品（如手机、钱包等）放入物品放置盒内。因为在离开时，必须将门栓移开才能将门打开，同时，我们必须先将放在物品放置盒内的随身物品拿开后才能将门栓移开，所以能够有效地避免物品丢失。将挂包钩设置在门栓末端，当有重物挂上时，门栓受到重力，自动锁止；在需要开门离开时，必须将挂在挂包钩上的物品拿开，使门栓的一端下沉（门栓自身重量），门才能打开。这样门栓组件整体的实用性较高。

发明二 一种可伸缩透明遮盖油漆刷

1. 背景技术

油漆刷是粉刷工人在进行粉刷工作时应用较多的工具。粉刷工人在对墙面进行粉刷后,未干的油漆容易滴在他们的头发和衣服上,在一天的辛苦工作结束后,回家还要花费许多精力去清理头发和衣服上的油漆,这使粉刷工人更加辛苦。

因此需要发明一种可伸缩透明遮盖油漆刷来改善上述问题。

2. 发明内容

本发明的目的在于提供一种可伸缩透明遮盖油漆刷,以解决上述背景技术中提出的问题。

为实现上述目的,本发明提供了如下技术方案。

可伸缩透明遮盖油漆刷,包括辊筒连接架,辊筒连接架的正面连接有刷漆辊筒,辊筒连接架的背面中心处连接有遮盖伞连接架,遮盖伞连接架上靠近辊筒连接架处设有油漆收集腔,遮盖伞连接架上位于油漆收集腔的背面处设有遮盖伞伞骨,遮盖伞伞骨上设有遮盖防护伞,遮盖伞连接架内部的上侧壁靠近遮盖伞连接架的背面处设有弹簧腔,弹簧腔的内部设有往复弹簧,遮盖伞连接架的端面与弹簧腔相对应处设有限位挡扣凹槽,限位挡扣凹槽的内部设有限位挡扣,限位挡扣的另一端与往复弹簧的端面相连接,遮盖伞连接架的背面套接有伸缩套筒,伸缩套筒的端面与限位挡扣相对应处开设有限位凹槽,伸缩套筒上靠近伸缩套筒的背面连接有第一防滑圈,伸缩套筒的背面连接有连接把手,连接把手的背面设有第二防滑圈。

透明遮盖油漆刷的整体主体如图3-4所示,整体部分结构如图3-5所示,A部分俯视剖面如图3-6所示。

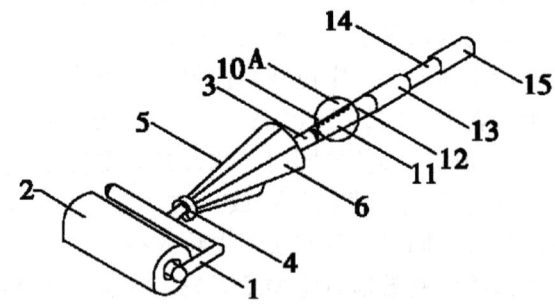

1—辊筒连接架;2—刷漆辊筒;3—遮盖伞连接架;4—油漆收集腔;5—遮盖伞伞骨;6—遮盖防护伞;7—限位挡扣;8—伸缩套筒;9—限位凹槽;10—第一防滑圈;11—连接把手;12—第二防滑圈;A(包括弹簧腔、往复弹簧、限位挡扣凹槽)。

图3-4 透明遮盖油漆刷的整体主视图

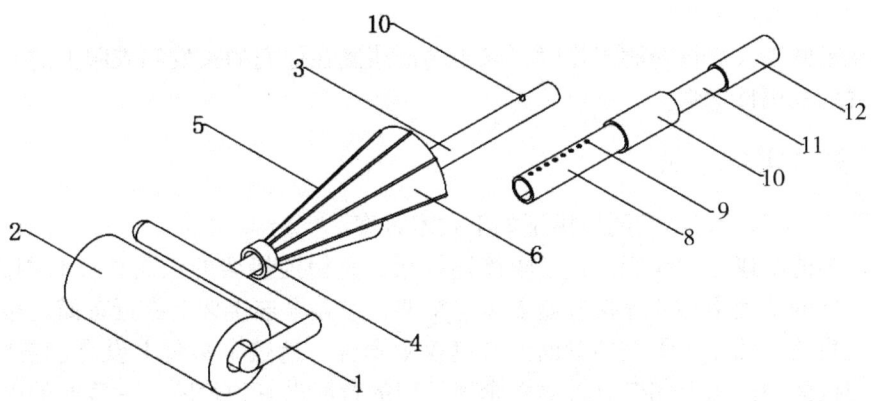

1—辊筒连接架；2—刷漆辊筒；3—遮盖伞连接架；4—油漆收集腔；5—遮盖伞伞骨；6—遮盖防护伞；7—限位挡扣；8—伸缩套筒；9—限位凹槽；10—第一防滑圈；11—连接把手；12—第二防滑圈。

图 3-5　整体部分结构

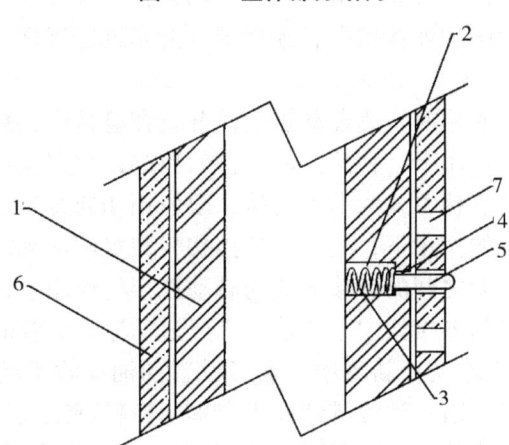

1—遮盖伞连接架；2—弹簧腔；3—往复弹簧；4—限位挡扣凹槽；5—限位挡扣；6—伸缩套筒；7—限位凹槽。

图 3-6　A 部分俯视剖面

刷漆辊筒通过转轴与辊筒连接架之间的连接方式为转动连接。遮盖防护伞采用透明材质的聚烯烃弹性体材料制成，遮盖伞伞骨采用铝合金材料制成，第一防滑圈和第二防滑圈均采用珍珠棉材料制成。遮盖伞连接架与伸缩套筒之间的连接方式为滑动连接。限位凹槽设有若干个，呈直线均匀分布在伸缩套筒的端面。限位挡扣通过限位挡扣凹槽与遮盖伞连接架之间的连接方式为滑动连接。限位挡扣通过限位凹槽与伸缩套筒之间的连接结构为插拔结构。

与现有技术相比，本发明的有益效果是：

在本发明中，通过设置的油漆收集腔，将随着辊筒连接架上滑落的油漆收集起来，阻止油漆继续向下滑落污染粉刷工人的双手；通过设置的遮盖防护伞，将粉刷过程中滴落的油漆遮挡，防止油漆滴落在粉刷工人的头发和衣服上，从而解决了现有的油漆刷在粉刷工人进行粉刷工作时，未干的油漆滴在他们的头发和衣服上的问题，进而使装置的实用性增强。

3. 具体实施方式

如图3-4所示，本发明提供了如下技术方案。

可伸缩透明遮盖油漆刷，包括辊筒连接架，辊筒连接架的正面连接有刷漆辊筒，辊筒连接架的背面中心处连接有遮盖伞连接架，遮盖伞连接架上靠近辊筒连接架处设有油漆收集腔，油漆收集腔的背面设有遮盖伞伞骨，遮盖伞伞骨上设有遮盖防护伞，遮盖伞连接架内部的上侧壁靠近遮盖伞连接架的背面设有弹簧腔，弹簧腔的内部设有往复弹簧，遮盖伞连接架的端面与弹簧腔相对应处设有限位挡扣凹槽，限位挡扣凹槽的内部设有限位挡扣，限位挡扣的另一端与往复弹簧的端面相连接，遮盖伞连接架的背面套接有伸缩套筒，伸缩套筒的端面与限位挡扣相对应开设有限位凹槽，伸缩套筒的背面连接有第一防滑圈和连接把手，连接把手上靠近连接把手的背面处设有第二防滑圈。

发明的工作流程：使用时将遮盖防护伞撑开，在遮盖伞连接架与伸缩套筒之间的连接方式为滑动连接的作用下，将遮盖伞连接架拉起；在限位挡扣通过限位挡扣凹槽与遮盖伞连接架之间的连接方式为滑动连接，限位挡扣通过限位凹槽与伸缩套筒之间的连接结构为插拔结构的作用下，通过限位挡扣将装置调整到需要的长度；在刷漆辊筒通过转轴与辊筒连接架之间的连接方式为转动连接的作用下，对墙面进行粉刷，粉刷的过程中油漆随着辊筒连接架向下滑落，在经过油漆收集腔时被阻止进一步向下滑落，如图3-4所示。在本实用新型中，通过设置的油漆收集腔，将随着辊筒连接架上滑落的油漆收集起来，阻止油漆继续向下滑落污染粉刷工人的双手；通过设置的遮盖防护伞，将粉刷过程中滴落的油漆遮挡，防止油漆滴落在粉刷工人的头发和衣服上，从而解决了现有的油漆刷在粉刷工人进行粉刷工作后，未干的油漆容易滴在他们的头发和衣服上，在一天的辛苦工作后，回家还要花费许多精力去清理头发和衣服上的油漆，导致粉刷工人更加辛苦的问题。

发明三　一种新型镰刀铲

1. 背景技术

放假时回到老家，看见外公去地里收红薯，有时拿镰刀割红薯藤叶，有时拿锄头从地里挖红薯。于是，我想可不可以有一把更省力高效的镰刀，能一下子把两件事情一起做完。我便拿起镰刀研究了起来，镰刀是单片锯齿状的。突然一个新奇的想法在我脑海里呈现，如果是双片锯齿状的并在一起，是不是可以一下子多割些藤叶？如果把双镰刀插入红薯藤叶中并转一下，会不会有更多的藤叶缠在镰刀上方便收割？我连忙去多拿了一把镰刀握在手里，试割了一次，确实可以一次多收割更多红薯叶！我想如果在镰刀前端加一个铲子，就可以边割藤叶边挖红薯节约换工具的时间，因此提出一种新型镰刀铲。

2. 发明内容

发明的目的在于提供一种新型镰刀铲，解决上述背景技术中提出的问题。

为实现上述目的，本发明提供了如下技术方案：

新型镰刀铲（图3-7），包括镰刀把，镰刀把的左端连接着安装座，安装座的背面左侧为第一连接座，安装座通过第一连接座安装第一镰刀，安装座的背面右侧为第二连接座，安装座通过第二连接座安装第二镰刀，安装座的背面中间处设置有连接柱，连接柱远离安装座的一端设置有小铲刀，第一镰刀和第二镰刀的外侧分别为镰刀防护壳。

在镰刀把的外壁远离安装座的一端设置有防护胶套。安装座的正面与镰刀把适配开设有连接槽，安装座通过连接螺钉与镰刀把连接。镰刀防护壳采用塑料材质，镰刀防护壳与第一镰刀和第二镰刀适配设置。第一连接座和第二连接座分别与第一镰刀和第二镰刀焊接。连接柱两端分别与安装座和小铲刀焊接连接。

与现有技术相比，本发明的有益效果是：

在本发明中，通过新型镰刀铲双刃镰刀可以一次多收割很多红薯藤叶，而不用一把一把握着割，收割速度明显提高了。当需要挖红薯时，小铲刀就可以铲出土里面的红薯，这样既不用带上粗笨的锄头，就能将土里面那些红薯铲出来，也不会一不小心就将红薯挖烂，使整体个头外形较好。通过镰刀把设置的防护胶套，能够提高镰刀铲使用的舒适性；通过设置的镰刀防护壳能够在使用小铲刀时对第一镰刀和第二镰刀进行防护，有效地避免第一镰刀和第二镰刀意外伤人，提高镰刀铲使用的安全性。

3. 具体实施方式

本发明提供一种技术方案（参阅图3-7）：

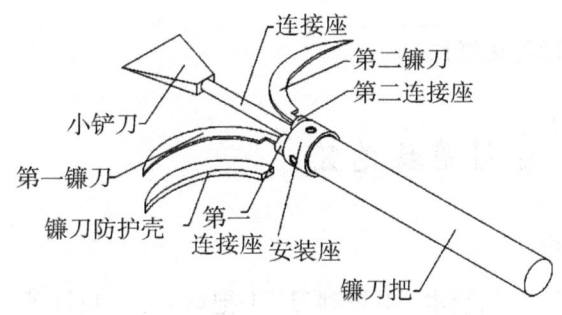

图3-7 新型镰刀铲的结构示意

本发明的工作流程：该镰刀铲既可以收割藤叶又可以挖红薯，且双刃镰刀一次就可以收割很多，明显提高了收割速度。当需要挖红薯时，小铲刀就可以铲出土里面的红薯，这样既不用带上粗笨的锄头，就能将土里面那些红薯铲出来，也不会一不小心就将红薯挖烂，使整体的个头外型较好。通过镰刀把设置的防护胶套，能够提高镰刀铲使用的舒适性；通过设置的镰刀防护壳能够在使用小铲刀时对第一镰刀和第二镰刀进行防护，有效地避免第一镰刀和第二镰刀意外伤人，提高镰刀铲使用的安全性，从而在整体上提高镰刀铲的实用性。

第二节　小制作样本

制作一　自制羽毛球

1．准备材料

1只空饮料瓶、2只网套、1根橡皮筋、1颗玻璃弹子。

2．制作过程。

a．取250毫升空饮料瓶1只，将瓶子的上半部分剪下。

b．将剪下的部分均分为8份，用剪刀剪至瓶颈处，并将每一份剪成大小一致的花瓣形状。

c．将泡沫水果网套套在瓶身外，用橡皮筋固定在瓶口处。

d．将另1只泡沫水果网套套住1粒玻璃弹子，塞进瓶口，塞紧并露出1厘米左右。

e．剪下半只乒乓球，将半球底面覆在瓶口上，四边剪成须状，盖住瓶口后用橡皮筋固定住。

f．对羽毛球进行美化修饰。

制作二　自制壁挂花篮

1．材料与工具

2个雪碧饮料瓶、1只胶水、1把刻刀、1把剪刀、1只钉子。

2．制作过程

a．将1只雪碧饮料瓶的绿色底套取下，剪成莲花状，翻转向下和瓶身粘成底座。

b．在绿色底套上截取2厘米宽的绿色环，套在瓶身上。

c. 去掉瓶颈，在瓶上剪出长 13 厘米、宽 8 厘米的宽带一条和 3 厘米宽的窄带若干条。

d. 用刻刀在 3 厘米宽的窄条上刻出花纹，然后将这些窄条向外翻折，由下向上插入绿色环中。

e. 取另 1 只空饮料瓶，利用瓶身，用剪刀剪出 6 片 17 厘米长的藤叶。

f. 将花篮钉在墙上，插入叶子、鲜花。

第三节　小实验展演

实验一　写进鸡蛋里的字

人们一般把字写在纸上、布上或者石头上。在这个小实验中，我们把字写到鸡蛋壳里。

（1）实验材料

1 只生鸡蛋、1 小杯醋、1 支毛笔、1 只烧杯、1 盏酒精灯、1 个小铁架。

（2）实验步骤

(a) 取 1 只生鸡蛋，用毛笔蘸一些醋在蛋壳上写"快乐成长"四个字。

(b) 等蛋壳上的醋完全干了以后，把鸡蛋放进装了水的烧杯。

(c) 点燃酒精灯，将鸡蛋煮熟。

(d) 用勺子从烧杯里取出鸡蛋，剥去蛋壳，奇迹出现了：鸡蛋的蛋白上出现了"快乐成长"四个字。

（3）实验原理。

蛋壳的主要成分是碳酸钙，它能和醋酸发生化学反应生成醋酸钙，一部分醋酸会穿过蛋壳和蛋清膜发生化学反应，鸡蛋煮熟后，字迹就出现在蛋白上了。

实验二　打不破的鸡蛋

生鸡蛋是很容易被打碎的，我们在拿鸡蛋时，一定要轻拿轻放。但世界上还有用砖头都压不碎的鸡蛋，这个小实验就可以让我们一睹这种结实的鸡蛋。

（1）实验材料。

4 只生鸡蛋、2 块厚约 1 厘米的薄木板、3 块手帕、4 块砖头、1 把小铁锤（重约 400 克）。

（2）实验步骤。

(a) 把鸡蛋分开排成两行，并在鸡蛋的上面和下面都垫上折叠起来的手帕。

55

(b) 将薄木板轻轻地放在鸡蛋上。
(c) 在木板上面放上4块砖头。
(d) 举起小铁锤对准砖头砸下去，结果鸡蛋还真的没碎。
（3）实验原理。
鸡蛋所受的力由两部分组成，一部分是木板和砖头的重力，另一部分是由于铁锤向下砸，砖向下运动时产生的作用力。当铁锤快速向下砸砖时，由于惯性，砖头要保持原来的静止状态，不会立即向下运动，就抵消了锤的作用力。因此，铁锤向下砸时，对鸡蛋几乎没有作用力。

实验三　薄纸托重物

1张薄薄的纸，经过适当的处理后，竟然"扛起"了比它重很多的玻璃杯。
（1）实验材料。
1张稍厚的纸、3个同样大小的玻璃杯。
（2）实验步骤。
(a) 取2个玻璃杯，把它们倒放在桌子上，中间留出适当的距离。
(b) 在2个玻璃杯上搭1张纸，再在纸上放第3个玻璃杯。当然，纸根本托不住玻璃杯，玻璃杯会掉下来。
(c) 现在再把纸折起来，然后把折叠好的纸放到2个玻璃杯上。把第3个玻璃杯放到折叠好的纸上，玻璃杯竟然稳稳地立在了纸上。
（3）实验原理。
当纸经过折叠形成折痕后，玻璃杯的重力就分散到了多个折痕上，由折痕将玻璃杯托起。

实验四　切不断的纸

纸是很容易被撕破的。但用1把裹着薄纸的水果刀切1个土豆，我们会发现，土豆被切成了两半，而薄纸片却"安然无恙"。
（1）实验材料。
1把小水果刀、1张纸、1个土豆。
（2）实验步骤。
(a) 准备好1个生土豆。把土豆清洗干净，擦干后放在桌子上。
(b) 将1张纸对折后裹住水果刀的刀刃（注意安全）。
(c) 用裹着薄纸的水果刀来切开土豆。
(d) 结果，土豆被切开了，裹在刀刃上的纸却没有被切破。
（3）实验原理。
裹在刀刃上的纸，既受到了刀刃向下的作用力，同时也受到了土豆向上的作用力,这两个力相互抵消了。另外,纸纤维的柔韧性比土豆纤维的柔韧性好,所以裹在刀刃上的纸还是好好的,而土豆却被切开了。

实验五　油滴总是圆的

(1) 实验材料。

1 杯水、1 瓶酒精、1 只胶皮滴管、少许油。

(2) 实验步骤。

向酒精与水的混合液里滴入油滴,如果油滴向上飘浮,就再加一些酒精;如果油滴往下沉,就再加一些水,直至油滴置于液面之下,较稳定地悬在混合液中。这时,我们就可以观察到,油滴总是呈圆球状。

(3) 实验原理。

油滴的表面张力,总是牵引着油滴,使它采取表面积最小的形状,这个形状就是球形。

实验六　漏管提水

(1) 实验器材。

1 根两端开口的玻璃管、2 个烧杯、适量水。

(2) 实验原理。

利用大气压强的方向向各个方向和气体的压强随体积增大而减小的原理。

(3) 实验步骤。

取一根两端开口的细玻璃管,一端插入水中,然后用手指堵住玻璃上端管口。提起玻璃管,当管口离开水面后,管内仍有一段水柱被提起,放开手指,水柱下落。

(4) 实验解说。

将两端开口的细玻璃管一端插入水中,然后用手指堵住玻璃上端管口,当提起玻璃管时,管内气体的体积增大,压强减小,且小于大气压强,所以,当管口离开水面后,管内仍有一段水柱被提起,此时管内气体的压强加上水柱产生的压强等于大气压强。放开手指,进入大气管内,管内外对管内水柱的大气压的大小相等,方向相反,相互抵消,水柱由于自身的重力而下落。

(5) 注意事项。

此实验使用的两端开口的细玻璃管,内径不能超过 1 厘米,否则,实验不能成功。

实验七 不用吸管的虹吸管

(1) 实验器材。

2只容器、1段软管、适量水。

(2) 实验步骤。

(a) 在1只容器里盛入水,放置在桌上。把另1只空容器放在椅子上或地板上。总之,要让空容器比盛水的容器位置低。

(b) 手握软管在水中盘旋,让水灌满软管。用手指按住软管的末端,抽出水面,并使之向下对着那只空容器。注意勿让软管的另一端离开水面。移开手指,虹吸作用立即开始。

(3) 实验原理。

用手指按住软管的末端,是为了使软管被拿起跨越容器边缘时,依然充满水。当软管的末端低于水的时候,上边容器里的水,就会在大气压强的作用下,通过软管流下来。

第四节 小论文示范

论文一 能记数的药瓶

药瓶是我们生活中常常用到的盛放药品的器皿,随着人们生活水平的提高,对于药瓶的外观需求和功能需求也越来越多,因此,市面上应运而生出各种各样的药瓶,如针对儿童的玩具式药瓶、针对老人的定时提醒药瓶、针对需要精确计量药量的计量药瓶等。

有一次,我生病了,妈妈去医院开了好几种药,吃药时,如果注意力不集中,就容易吃多药或吃少药。因此,根据现有的药瓶进行改进,设计一个能记数的药瓶,提醒我们吃了什么药,什么药没有吃,便十分有必要。

这种能计数的药瓶(图3-8),药瓶瓶身的端面设置有瓶口,瓶口的端面设置有瓶盖,药瓶瓶身与瓶口的中间位置设置有凹槽,凹槽的内部设置有日次数目条,日次数目条的底部设置有第一防落层,日次数目条的外壁套接有日次显示环,日次显示环的中间位置开设有日次显示孔,第一防落层的底部设置有粒数数目条,粒数数目条的底部设置有第二防落层,粒数数目条的外壁套接有粒数显示环,粒数显示环的中间位置开设有粒数显示孔。瓶盖与瓶口之间为插拔结构。

第三章 科创教育案例分析

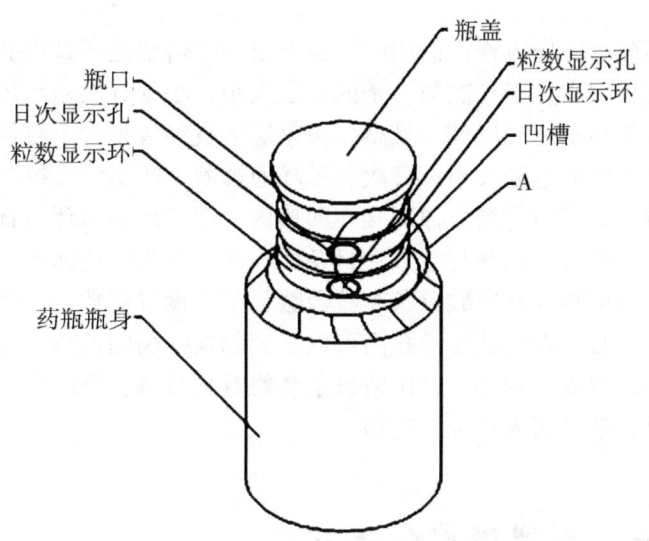

图3-8 药瓶整体三维示意

日次显示环与日次数目条的连接方式为转动连接，粒数显示环与粒数数目条的连接方式为转动连接。日次数目条和粒数数目条上都均匀设置有数字条。

第一防落层位于日次显示环的底部，且第一防落层的直径大小大于日次数目条的直径大小，小于日次显示环的直径大小。

第二防落层位于粒数显示环的底部，且第二防落层的直径大小大于粒数数目条的直径大小，小于粒数显示环的直径大小。

该发明的有益效果是：通过设置的日次显示环、粒数显示环、日次数目条和粒数数目条，可以详细地记录每次吃药的次数和粒数。这个药瓶能有效提醒人吃药的剂量、数量，帮助病人正确地吃药。

药瓶部分结构三维示意如图3-9所示，药瓶A处结构放大示意如图3-10所示。

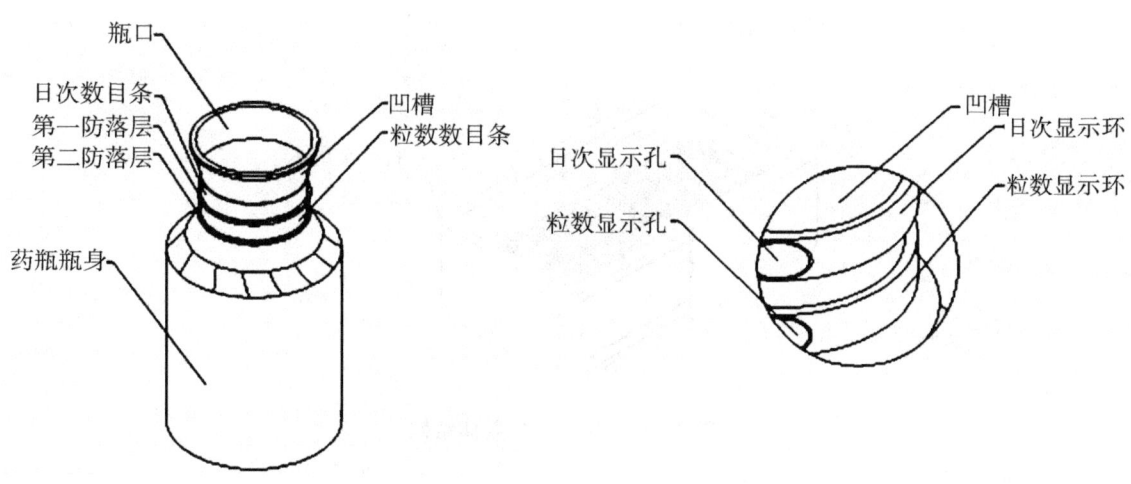

图3-9 药瓶部分结构三维示意　　　　图3-10 药瓶A处结构放大示意

59

能记数的药瓶的工作流程：使用时，由于第一防落层位于日次显示环的底部，且第一防落层的直径大小大于日次数目条的直径大小，小于日次显示环的直径大小；第二防落层位于粒数显示环的底部，且第二防落层的直径大小大于粒数数目条的直径大小，小于粒数显示环的直径大小；日次显示环通过第一防落层支撑套接在凹槽内，同时粒数显示环通过第二防落层支撑套接在凹槽内，而日次显示环与日次数目条的连接方式为转动连接，粒数显示环与粒数数目条的连接方式为转动连接，此时日次显示环和粒数显示环可以旋转，日次数目条和粒数数目条上设置有数字，可以从日次显示孔内看到每日吃药次数，在粒数显示孔内可以看到每次吃药的粒数。在此过程中，通过设置日次显示环、粒数显示环、日次数目条和粒数数目条，可以详细地记录上每次吃药的次数和粒数，帮助病人正确地吃药。

论文二　可伸缩的肥皂盒

市场上的肥皂盒大多数都是一样大小，肥皂盒的大小只能通过型号的不同来选。肥皂盒本身的尺寸大小不能改变，有时候肥皂大了，肥皂盒小了，拿肥皂有点不方便；有时候肥皂小了，肥皂盒又大了，感觉浪费空间。因此，需要设计一种可伸缩的肥皂盒来解决这个问题。

可伸缩的肥皂盒（图3-11），包括左单元盒体、右单元盒体和伸缩杆组件。左单元盒体一侧连接有右单元盒体，左单元盒体和右单元盒体的上部均设有托板，托板中间设有多组沥水孔，左单元盒体下部均设有伸缩槽，伸缩槽的内壁上设有多组滑条，右单元盒体的外部靠近滑条处开设有多组滑槽，如图3-12所示。左单元盒体和右单元盒体的下部连接有多组伸缩杆组件，伸缩杆组件由安装板、固定杆和活动套杆组成（图3-13），且活动套杆的两端内部连接有固定杆，固定杆远离活动套杆的一端设有安装板。

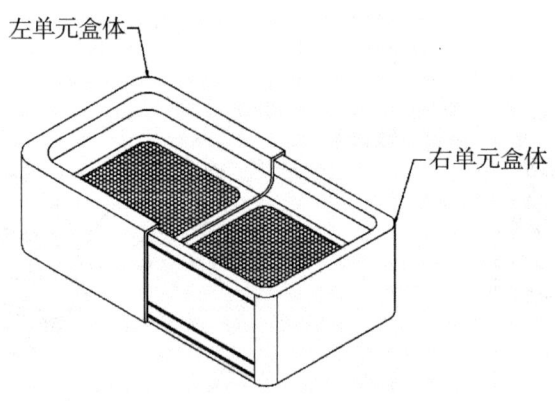

图3-11　肥皂盒的整体结构

第三章 科创教育案例分析

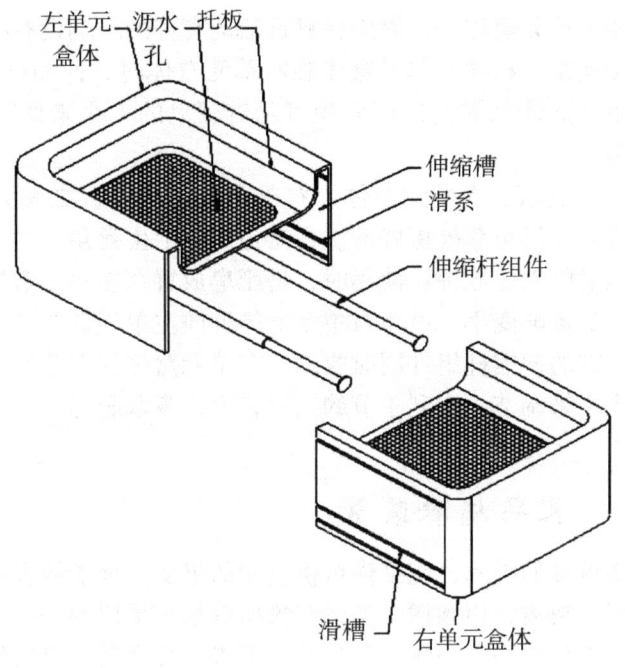

图 3-12 肥皂盒的分体结构

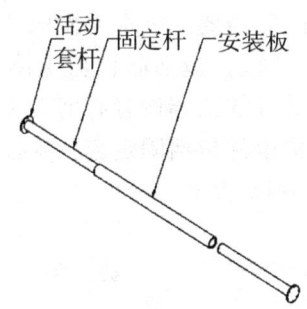

图 3-13 肥皂盒伸缩杆组件结构

左单元盒体和右单元盒体之间通过伸缩槽套接连接，滑条和滑槽之间滑动连接。伸缩杆组件设有两组，两组伸缩杆组件呈纵向分布，安装板通过螺栓连接在左单元盒体和右单元盒体上。固定杆靠近活动套杆的一端设有挡环，且活动套杆和固定杆之间套接连接。左单元盒体、右单元盒体和托板之间为一体式结构，托板四周为圆弧结构。

可伸缩的肥皂盒的有益效果包括以下三点。

（1）左单元盒体、右单元盒体之间通过伸缩槽套接连接，滑条和滑槽之间滑动连接，形成滑动的限位结构，使得左单元盒体、右单元盒体调节时更加稳定，避免出现错位。

（2）设置了两组伸缩杆组件，两组伸缩杆组件呈纵向分布，安装板通过螺栓连接在左单元盒体和右单元盒体上,固定杆靠近活动套杆的一端设有挡环,且活动套杆和固定杆之间套接连接。拉伸左单元盒体和右单元盒体时,伸缩杆组件随之被拉伸,左单元盒体、右单元盒体之间的连接面积可随着肥皂的大小来调节,有利于节约空间,方便拿取肥皂。

(3)通过设置的托板,左单元盒体、右单元盒体和托板之间为一体式结构,托板四周为圆弧结构,使得角落处更好清洗,避免出现卫生死角。

可伸缩的肥皂盒的工作原理:使用时,将肥皂放置在左单元盒体和右单元盒体的托板上,随着肥皂的逐渐变小,可将右单元盒体推向左单元盒体,使得右单元盒体沿着滑条移动,且下部的伸缩杆组件同时收缩。左单元盒体和右单元盒体之间的连接面积可随着肥皂的大小来调节,有利于节约空间,方便拿取肥皂。

论文三　水果摘取装置

果树是指果实可食的树木,能提供可供食用的果实、种子的多年生植物及其砧木的总称,如苹果树、梨树、柑橘树、杏树和桃树等都是果树的一种。每年当果树上的水果成熟时,果农伯伯们都会一颗一颗将其摘下来。我发现,果农伯伯们在摘取果树上的水果时,稍有不慎,摘剪下来的水果就会掉到地上,水果从高处掉落很容易出现摔坏的情况,从而造成浪费。因此需要一种水果摘取装置来改善这个问题。

这种水果摘取装置(图 3-14),包括高枝剪主体和防护组件。其中,高枝剪主体包括剪刀头、剪杆和握把,剪杆的顶端设置有剪刀头,剪杆的底端设置有握把,剪杆的外壁套接有防护组件;防护组件包括固定套、支撑杆、盛接网兜、连接杆、滑动套和固定螺栓,如图 3-15、3-16 所示。

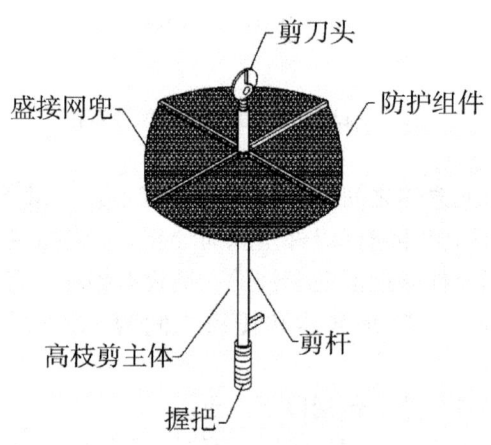

图 3-14　水果摘取装置整体结构示意

第三章 科创教育案例分析

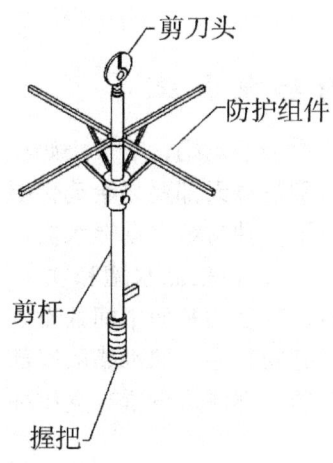

图 3-15 水果摘取装置部分结构示意

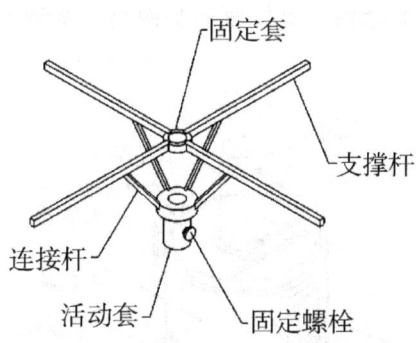

图 3-16 水果摘取装置整体结构示意

  剪杆的上侧外壁套接有固定套，固定套上均匀设置有支撑杆，支撑杆的下侧设置有盛接网兜，剪杆的外壁位于固定套的下侧套接有滑动套，滑动套与支撑杆之间设置有连接杆，滑动套的上面设置有固定螺栓。
  支撑杆与固定套的连接方式为转动连接。滑动套与剪杆的连接方式为滑动连接。连接杆与支撑杆的连接方式为转动连接，连接杆与滑动套的连接方式为转动连接。支撑杆设置有四组，相邻两组支撑杆之间设置一个。
  该发明的有益效果是：设置的滑动套在向上运动时，能够通过连接杆把支撑杆向四周顶至展开，从而带动盛接网兜展开，使得该网兜能够在高枝剪主体摘剪水果时，接住摘下来的水果，防止水果掉落到地上摔坏。
  该发明的工作流程是：使用时，首先将滑动套往上推，此时连接杆会连动把支撑杆从闭合状态顶至展开状态，从而把盛接网兜向四周展开，等到滑动套的位置调节好后，通过固定螺栓将其固定住；然后通过高枝剪主体把树上的水果剪下，掉下来的水果会掉到盛接网兜内，网兜把摘下来的水果接住，防止其掉落到地上摔坏。

论文四　禽畜自动喂水器

春节我跟爸爸妈妈回老家看爷爷奶奶，爷爷奶奶在后山养了很多鸡鸭，看到奶奶上山喂鸡鸭的时候很辛苦，特别是每天都要去给鸡鸭喂水。为了方便喂养家禽，减少给家禽喂水的工作量，我发明了一种禽畜自动喂水器。

禽畜自动喂水器（图3-17），包括储水罐和饮水槽。储水罐的正面设置有显示窗，储水罐的基面设置有罐盖，罐盖的基面中间处设置有注水管，注水管的正面设置有注水阀，储水罐的背面设置有安装座，储水罐的底部中间处设置有连通管，储水罐的底部设置有支撑座，支撑座的底部侧边设置有支撑柱，饮水槽的正面右下侧设置有清洗排水阀。

罐盖的基面前侧三分之一处为可开合式设置。支撑柱的底部与饮水槽的侧边基面连接设置。饮水槽呈矩形槽结构，饮水槽的底部设置有凸出插板。

储水罐的底部呈圆锥形结构，支撑座的基面与储水罐适配设置。储水罐和饮水槽整体为塑料材质。

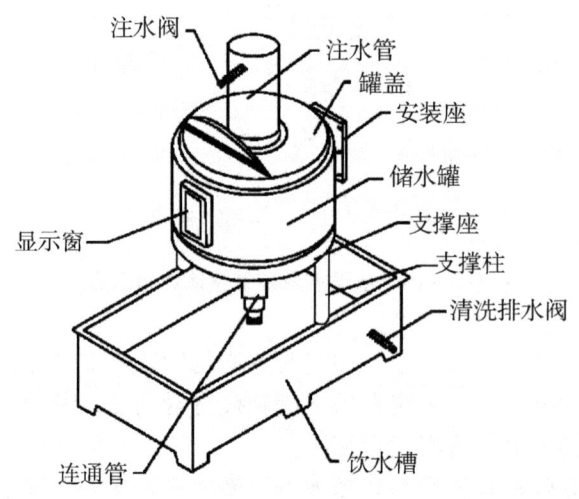

图3-17　禽畜自动喂水器

与现有技术相比，本发明的有益效果是：该自动喂水器利用了大气压强和连通器的原理，水能自动从储水罐中流入饮水槽。当饮水槽上方的气压和外界大气压强平衡时，水自动停止，不需要人力去控制水的开关，而且水位保持不变，方便禽畜随时饮用，不需要人经常去添水，减少了喂养工作量。设置的注水阀连接着自来水管，进一步减轻加水的人力工作，提高了喂水器的整体实用性，降低了劳动力。设置的清洗排水阀能够方便对饮水槽进行清洗，设置的显示窗能够显示储水罐中的水位方便对储水罐内添加水，设置的安装座能够对整体进行定位连接，提高了整体安装放置的稳定性。

本发明的工作流程：该自动喂水器利用了大气压强和连通器的原理，让水能自动从储水罐中流入饮水槽。当饮水槽上方的气压和外界大气压强平衡时，连通管注水自动停止，不需要人力去控制水的开关，而且水位保持不变，方便禽畜随时饮用，不需要人经常去添水，减少了喂养的工作量。设置的注水阀门连通自来水管，进一步减轻加水的人力工作，提高了喂水器的整体实用性，降低了劳动力。设置的清洗排水阀能够方便对饮水槽进行清洗，设置的显示窗能够显示储水罐中的水位方便对储水罐内部添加水，设置的安装座能够对整体进行定位连接，提高了整体安装放置的稳定性。

论文五　带眼睑的眼球教学模型

这种带有眼睑的眼球教学模型，比现在广泛使用的眼球教学模型多了一个眼睑。它克服了没有眼睑的眼球教学模型令学生容易混淆"白眼珠"和"黑眼珠"的缺点，让学生能直观地正确辨认"白眼珠"和"黑眼珠"。

我们在学习七年级科学下册第一章第六节眼球的结构和功能时，老师在讲桌上放了一个眼球教学模型，当时我们纷纷认为巩膜是眼睑，角膜是眼球，瞳孔是"黑眼珠"，虹膜是"白眼珠"。为了消除我们的误解，老师在教学中用左手大拇指对右手大拇指，左手食指对右手食指，合拢成一个睁开的眼睑形状，放在眼球模型角膜的前面。这时，我才明白原来巩膜是"白眼珠"，虹膜是"黑眼珠"。

下课后，仍然有同学不清楚眼球的结构，问老师："白眼珠"在哪？哪儿是"黑眼珠"？原来，老师用手势比画眼睑时，由于演示的时间短，他们没有看到或者没有看明白。

我想，如果做一个眼睑，放在眼球教学模型上，不仅模型逼真、生动有趣，而且学生就不会混淆眼睑、巩膜、角膜、虹膜、瞳孔等。于是，我把"眼球教学模型"借回家，用纸给它糊了一个眼睑。第二天，老师用这个"带有眼睑的眼球教学模型"上课后，高兴地说：用我发明的模型上课，学生兴趣大增，学习热情高涨，学习效果十分理想。后来，我又用泥巴烧制了一个眼睑。

与现有眼球教学模型相比，该发明的有益效果是：带有眼睑的眼球教学模型，比现在广泛使用的眼球教学模型多了一个有睫毛的眼睑，学生在学习眼球结构时，很容易明白"白眼球"就是巩膜，"黑眼球"就是虹膜，而不会把巩膜误认为是眼睑、把角膜误认为是眼球、把瞳孔误认为是黑眼珠。学生学得快，记得牢。教师就不需要用手来演示眼睑了，教起来就轻松得多。

带有眼睑的眼球教学模型用固体材料做成，主要由巩膜、角膜、虹膜、瞳孔、晶状体、睫状肌、玻璃体、视网膜、视神经、眼睑、睫毛等构成，如图3-18、3-19所示。根据眼睛的实际结构组合而成，比现在广泛使用的眼球教学模型多了眼睑和睫毛。眼睑既可放在眼球上，又可取下来。

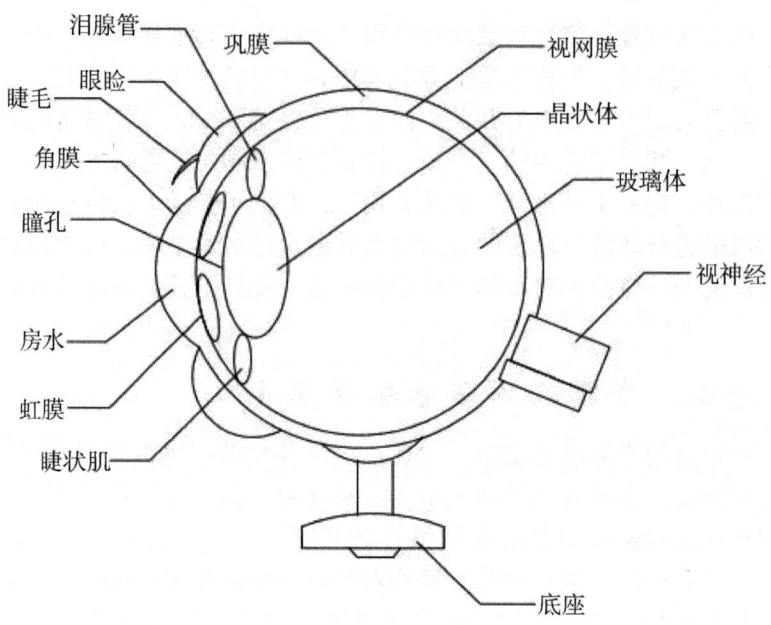

图 3-18　眼球教学模型侧面

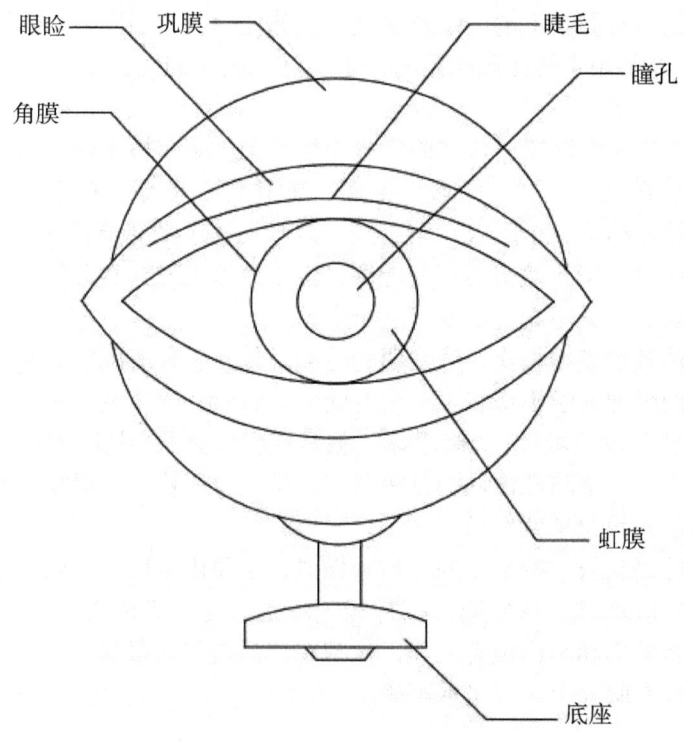

图 3-19　眼球教学模型正面

在国家知识产权局网站上，我没有检索到与本发明相关的资料，接下来我准备将该发明进行推广，让"带眼睑的眼球教学模型"给全国的中小学生带来学习的快乐和提高他们的学习效率。

论文六　皮鞋越擦越亮

把鞋面的灰尘擦掉，涂上鞋油，仔仔细细地擦一擦，皮鞋就会变得又亮又好看。这是为什么呢？

我找来同样牌子同样款式的新旧两双皮鞋进行对比观察。首先用手触摸两双皮鞋的鞋面，发现新皮鞋的表面比旧皮鞋的表面光滑许多。然后在旧皮鞋表面涂上鞋油，仔细擦过后，虽然鞋面亮了许多，但仍无法与新皮鞋相比。皮鞋的亮度是否与鞋面的光滑程度有关呢？

我又找来一双没擦过的旧皮鞋，在放大镜下观看鞋面，看见鞋面凹凸不平。在皮鞋上圈出两块表面都比较粗糙的区域，分别标注 A 区和 B 区，A 区涂上鞋油并仔细擦拭，B 区不涂鞋油作空白对照。可以发现 A 区经过擦拭后，表面明显变光滑了，而且放在阳光下也比 B 区有光泽。为什么两个区域会产生这样的差别呢？

光线照到任何物体的表面都会产生反射，若这个平面是高低不平的，光线就会向四面八方散射掉；若这个平面是光滑的，我们就可以在一定的方向上看到反射光。

皮鞋的表面原来就不是绝对光滑，如果是旧皮鞋，它的表面当然更加不平，使光线产生漫反射，所以看上去没有什么光泽。而鞋油中有一些小颗粒，擦鞋的时候这些小颗粒正好可以填入皮鞋表面的凹坑中。如果再用布擦一擦，让鞋油涂得更均匀些，就会使皮鞋的表面变得光滑、平整。光线射到鞋面上发生镜面反射，我们就觉得皮鞋很光亮。

论文七　深圳古建筑客家围屋的损毁现状　　　　与保护对策研究

深圳客家是清初客家历史上"第四次大迁徙运动"中的一个典型。客家围屋距今已有二三百年的历史。目前，只有两座客家围屋得到了较好的保护和开发，而其余 100 多座大中型围屋及 500 多座碉楼都渐次坍塌荒弃，正在加速损毁和消亡。

从 2022 年暑假开始，我通过查阅资料、实地考察、请教专家、电话采访、问卷调查、研究探索、统计分析、归纳总结等方式对客家围屋进行认真研究。先后十多次深入龙岗、宝安、坪山、坑梓、大鹏、观澜等地，实地考察客家围屋及碉楼，采访和访谈了围屋主人、当地居民、相关领域专家、教授、文物管理人员等近 50 人次，发放了调查问卷 300 多份，拍摄了古建筑现状照片近千张，收集了大量关于客家围屋及碉楼现状的第一手信息。

选取客家围屋的典型代表，按照类型、特点、规模、建筑年代等进行了系统的整理，重点对其中 19 座具有代表性的客家围屋的损毁现状进行了详细的调查记录，制作了图文并茂的图表来进行详细的阐述和分析，并提出了保护对策。

1. 研究背景

2022 年暑假，爸爸妈妈带我去参观深圳客家围屋，我被这里迄今已有两三百年历史的古民居宏伟的建筑和厚重的文化所震撼，也为 100 多座大中型客家围屋及 500 多座碉楼由于不堪岁月的风吹雨打，再加上城市改造建设导致的拆除、破坏感到担忧，为这些无法再生的历史文化物质遗产面临坍塌荒弃，加速损毁和消亡感到无比痛惜。因此，我决定对这些古建筑的损毁现状进行全面细致地调查整理，同时呼吁社会广泛关注，加大对客家围屋和客家文化的保护力度。

2. 研究目的和意义

（1）通过对深圳客家围屋和客家文化的调查研究，感受数百年来深圳的历史巨变，了解深圳的地理与人文，体会深圳魅力，增强民族自豪感。

（2）通过对客家围屋损毁现状的详细勘查记录，震撼人们的心灵，唤醒人们的保护意识，提高社会的关注度。

（3）通过该课题的研究，增长见识，拓宽知识面，提高社会实践的能力，加强与人沟通的能力及语言文字表达的能力。

3. 研究过程和方法

（1）查阅资料。
（2）实地考察，并做好记录。
（3）请教专家，学习古建筑围屋、围楼的相关知识。
（4）电话采访，了解文物管理和旅游的相关知识。
（5）问卷调查，并对问卷进行收集、整理。
（6）统计分析，归纳总结。
（7）研究探索，提出见解和观点。

4. 时间安排

调查研究活动主要是在暑假、周末、节假日进行。

（1）2022 年 7 月 20 日—2022 年 7 月 31 日，商讨计划，确定选题，查阅相关资料。

（2）2022 年 8 月 1 日—2022 年 8 月 25 日，实地调查，采访咨询，问卷调查。

（3）2022 年 9 月—2022 年 10 月，问卷调查，数据分析，研究讨论，系统分析，找出原因，提出对策建议，撰写论文初稿。

（4）2022 年 11 月，反馈信息，补充数据，修改论文。

5. 深圳客家围屋的发展历史

深圳客家是清初客家历史上"第四次大迁徙运动"中的一个典型。深圳的客家围屋已有二三百年的悠久历史，大都是乾隆、嘉庆、道光年间修建的。客家人五次大迁徙的时间、原因和地点见表3-1。

表3-1 客家人五次大迁徙的时间、原因和地点

客家人五次大迁徙	第一次	第二次	第三次	第四次	第五次
迁徙时间	西晋末年	唐朝"安史之乱"后	南宋王朝	清朝顺治至康熙年间	清朝咸丰、同治年间
迁徙原因	反对晋王朝的战争	躲避战乱	躲避战乱	"迁海复界"	太平天国运动
迁徙地点	湖北、安徽、江苏、浙江一带	赣南、闽西、粤东北的三角地带	粤东的梅州、惠州一带	四川、惠东、深圳、香港	海南、广西，甚至漂洋过海到海外谋生

6. 深圳客家围屋的文化内涵与特色

深圳客家围屋除了具有居住、防御等实用的功能，这些城堡式围屋与其他地区的客家民居相比，还具有鲜明的自身文化内涵与特色，具体见表3-2。

表3-2 深圳客家围屋的自身文化内涵与特色

特色	内容	具体表现
规模宏大	一般占地面积都在一千平方米以上，多的达几千平方米，平面大多为方形，少数为梯形或前方后圆，规整、宏大，都是封闭式的	"鹤湖新居"和"大万世居"占地面积均达到2.5万平方米，建筑占地面积约1.5万平方米，被誉为"客家围屋之最"

续上表

特色	内容	具体表现
防御坚固	多为四角建碉楼、高墙环绕的全封闭城堡式围屋，在结构上最突出的特点就是具有极强封闭性和军事防御功能，展示着只属于深圳客家自己的特殊地域风格	（1）门坚墙厚，外墙厚一般为1～2米，高12～16米，外墙不开窗或开很小的窗，嵌入枪眼。 （2）四角建三层碉楼，具有防御功能。 （3）后围中央增建望楼，具有眺望和射击功能。 （4）采用三合土（泥、沙、灰）、稻草、纤维进行混合后夯筑而成，有的还掺入红糖、糯米饭，或竹木条、卵石等
天人合一	是"天人合一"这一中国传统文化哲理思想与深圳自然环境融合的结果，蕴涵着朴素的生态精神，具有深圳地区特有的地域和乡土特色。反映客家先民们崇尚自然、适应自然、善用自然，与自然完美交融	（1）依山傍水，围屋前多有半月形水塘，称为"月池"，既实用又可观赏。 （2）围屋附近种植有"风水林"，院内广泛种植果木，绿树成荫。 （3）天井、巷道、天街，具有通风、排水、防潮和采光的功能，营造人地和谐的生态环境。 （4）建筑材料就地取材，成本较低，质朴为美
崇文重教	客家人秉承中原文化传统，重视文化教育蔚然成风，是个受儒家传统思想影响较深的族群。他们世世代代坚持把"学而优则仕"作为他们的思想和行为准则	（1）私塾。望楼另一更重要功能就是作为学堂，是子孙读书的地方。 （2）"旗杆石"，是客家人崇文重教的重要标志，以显示功名，光宗耀祖。 （3）楹联（如堂号、堂联），多为纪念先祖的学仕历程、勤俭德行
聚族而居	聚族而居是客家传统居住模式，能加强血缘宗族的团结，共同防御外敌	同一姓氏、同一祖先的后代共同居住，如龙岗罗氏鹤湖新居、坪山曾氏大万世居等
敬祖睦宗	客家遵循礼制，敬祖睦宗作为维系整个宗族团结的精神纽带，是构建和谐社会的优良传统	中轴线上必建祠堂，祠堂不仅是族人祭祖和议事的中心，更是宗族的象征和标志，是一个宗族的中心

7. 19座代表性客家围屋的规模与形式

客家围屋是客家村落的标志性建筑，其内涵丰富，形式多样，主要表现为城堡式围楼、围村、碉楼和中西合璧式围楼四种形式。其特点等见表3-3。

表3-3 客家围屋的标志性建筑

形式	简介	特点	代表性建筑	建筑年代
城堡式围楼	是粤东北地区堂横屋、围龙屋和四角楼的综合体。四角多设有碉楼，建筑面积达几千至一万多平方米的城堡式围楼，吸收了广府民居的优点发展起来	(1) 雄伟壮观，形状规整。(2) 森严壁垒如城堡，防御功能极强。(3) 客家文化中独树一帜。(4) 文化内涵丰富，历史、文化、旅游价值极高。(5) 单姓围堡	(1) 深圳龙岗罗氏鹤湖新居	嘉庆二十二年（1817年）
			(2) 深圳坪山曾氏大万世居	乾隆五十六年（1791年）
			(3) 深圳坑梓黄氏龙田世居	道光十七年（1837年）
			(4) 深圳坪山何氏茂盛世居	嘉庆初年（1800年前后）
			(5) 深圳坑梓黄氏新乔世居	乾隆十八年（1753年）
			(6) 深圳坪山黄氏长隆世居	乾隆五十九年（1794年）
			(7) 深圳坪山黄氏青排世居	嘉庆末或道光初年
			(8) 深圳坪山黄氏丰田世居	嘉庆四年（1799年）
			(9) 深圳龙岗李氏正埔岭	嘉庆八年（1803年）
			(10) 深圳坪地萧氏吉坑世居	道光四年（1824年）
			(11) 深圳龙岗龙和世居	光绪七年（1881年）
			(12) 深圳龙岗陈氏鹿岭世居	民国期间（1932年）
围村	用围墙或围楼将数十座或数以百计的民居包围起来，房屋横纵成行成列，平面呈方形，四角多设有碉楼，有些围村四周还挖有护城河，故称为"寨"	(1) 深沟高垒，固若金汤。(2) 以方形为主。(3) 体现防御思想。(4) 单姓或多姓围村	(13) 深圳龙岗刘氏田丰世居（围村）	康熙元年（1662年）
			(14) 深圳宝安陈氏贵湖塘老围村	清代晚期
			(15) 深圳观澜陈氏老围村	清代至民国

续上表

形式	简介	特点	代表性建筑	建筑年代
碉楼	大都与围楼、围龙屋结合在一起,且多为四角楼;也有独立式碉楼,四五层高,一个村建几个互为犄角之势,保护整村的安全	(1)瞭望、防御功能为主。(2)兼有生活居住功能。(3)坚固高耸。(4)装饰简单、朴实	(16)深圳大鹏王桐山村钟氏"天一涵虚"	康熙年间(1662—1723年)
			(17)深圳观澜碉楼群(114座)	清代嘉庆至民国初年
			(18)深圳龙岗回龙埔兰著学校(组合式碉楼)	民国期间(1920年)
中西合璧式围楼	客家侨乡民居建筑的一种特殊形式,是将客家传统的房屋建筑结构或布局与西洋建筑艺术相结合的混合型客家围屋形式	(1)建筑年代较晚,为20世纪二三十年代,建有碉楼。(2)围内分别建筑中式和西式民居。(3)组合式中西合璧,深圳独有	(19)深圳坪地萧氏"八群堂"	民国期间(1932年)

8. 19座代表性客家围屋的损毁现状

深圳的古建筑从改革开放以来,大约毁掉了10多万间。如今,深圳的一些古建筑正成为"消失的文物"。19座代表性客家围屋的损毁现状见表3-4。

第三章 科创教育案例分析

表 3-4 19 座代表性客家围屋的损毁现状

建筑名称	建筑年代	现状	评价
龙岗罗氏鹤湖新居	嘉庆二十二年（1817 年）	大部分房屋已经排险，墙固路平、巷道井然，有完整的排水系统，少部分房屋关闭待修	较完好
坪山曾氏大万世居	乾隆五十六年（1791 年）	外墙坚固，围屋里面的民居破败不堪，地上散乱着石块，长有树草、阁楼、楼梯、木门、木墙、家具残破，灶台塌毁，墙被烟熏黑；四角碉楼已倒塌无存。1/3 的面积向游客开放，2/3 败落严重	相对完好
坑梓黄氏龙田世居	道光十七年（1837 年）	门上加有铁闸，不被擅闯；一些墙面已有脱落、倒塌；一些牌匾、字画、浮雕、房屋急需维护	较为完整
坪山何氏茂盛世居	嘉庆初年（1800 年前后）	围屋中的住房基本保持原貌；围屋里大屋子内仍有住户；四周碉楼保护完好，屋内有很多地方霉变，亟须修葺	较为完整
坑梓黄氏新乔世居	乾隆十八年（1753 年）	多数房屋失修，很多危房都贴上了封条，可居住的房间，被出租给附近的打工者；左侧转斗门旁边墙体有不少修补过的痕迹；正门背面的石匾上面有画上去的花纹，墙体表面脱落，花纹已经不全；围屋后方的围龙，只剩下一个门框，墙已倒塌，后方的墙体裂缝较多较大；住户挖开的青砖，碎成两半或几块；围龙已成"菜园子"	危房
坑梓黄氏长隆世居	乾隆五十九年（1794 年）	沿中轴线直到祠堂的建筑全部经过整修重建，正大门装修后贴上暗红色瓷砖，有煞风景；中轴线两侧横屋破败不堪，右侧较完整，左侧房屋倒塌一片；部分墙体坍塌严重，墙上印着"危房，禁止出租"的字样，屋旁长满青草和种的青菜；较好的房屋被出租给他人收垃圾和养鸡等	危房
坑梓黄氏青排世居	嘉庆末或道光初年	八角碉楼已坍塌，只剩外围前方的碉楼角；内围不是断壁残垣，便是一片废墟，只剩两座破败不堪的宗祠，墙上标着"危房，禁止进入"的字样；租给外来打工者，房屋内到处堆放着空瓶子和旧桌椅等废品，鸡屎满地，臭气熏天	危房
坪山黄氏丰田世居	嘉庆四年（1799 年）	墙体倒塌严重；世居内的黄氏宗祠，已重新修缮，左右两边墙体都有受损；外墙破败，多处墙体坍塌严重；草深树高，屋顶渗漏，墙面裂缝，虫蛀腐烂，梁栋上的浮雕被盗	危房

73

续上表

建筑名称	建筑年代	现状	评价
龙岗李氏正埔岭	嘉庆八年（1803年）	祠堂尚保存原貌；四角建有角楼，现尚存三座，楼顶改建成尖山硬山顶；老屋出租给他人或作为废品收购站；有的房屋已经被拆除重建，有的被贴上"危房，禁止出租"字样；坍塌的房子变成了一片菜园	部分坍塌
坪地萧氏吉坑世居	道光四年（1824年）	保存相对完整；部分老屋已破旧不堪，有些甚至濒临坍塌的危险；围屋西北角有古井一口，小砖圈砌井壁，现已废弃	较为完好
龙岗龙和世居	光绪七年（1881年）	2011年大运会前夕，因城市建设，被全部拆除	拆除
龙岗陈氏鹿岭世居	民国期间（1932年）	已弃用30年，五金厂、养鸡场等进驻多年，租给工人居住；水池里杂草丛生，水质浑浊；门口堆放着破玻璃门、成堆的砂子和废弃木材；左右侧空地上，破门、木梯、养蜂箱等凌乱堆放；部分墙面被涂鸦，部分墙体漏水，楼层可见不少破洞	弃用
龙岗刘氏田丰世居	康熙元年（1662年）	有五层；围村内多已出租，部分院墙坍塌；碉楼仅存东北一角；楼板已经朽烂，不能攀登	部分坍塌
宝安陈氏贵湖塘老围村	清代晚期	有的房屋墙壁已经塌了一半，但里面住了人，危房里租住的大多是拾荒者；围村里到处堆满了垃圾；电线乱拉且在电线上晾晒衣服	濒危
观澜陈氏老围村	清代至民国	村前风水塘已填平建成版画工坊；围村的"围"已不存在，仅存围门；排水、供电、房屋内部等基础设施已全面修缮，外部保持原始风貌	建为版画村
大鹏王桐山村钟氏"天一涵虚"	康熙年间（1662—1723年）	曾进行维修；碉楼还存在墙体裂缝、漏水、地下排水堵塞等问题，有倒塌危险，出租给打工者居住	危楼
观澜碉楼群（114座）	清代嘉庆至民国初期	一座碉楼倒塌；另三座碉楼已加固保护，共有四座。准备整体迁移至观澜"碉楼群广场"进行集中保护；部分碉楼未加保护被闲置，部分出租，有的已破损	濒危
龙岗兰著学校（组合式碉楼）	民国期间（1920年）	2007年，建筑被夷为平地。如今只能从书上一睹其往日风采，令人痛惜	拆除

续上表

建筑名称	建筑年代	现状	评价
坪地萧氏"八群堂"（中西合璧式）	民国期间（1932年）	在主楼和两座碉楼上，布满当年日军侵略时留下的枪眼	失修

9. 深圳客家围屋保护与传承调查结果分析

（1）调查问卷内容（见附件）。

（2）调查问卷数据。

本次调查面向深圳市实验学校中学部初一至高三年级和深圳职业技术学院大一至大三的在校学生发放问卷，共发放了 450 份调查问卷。其中，回收有效问卷 433 份，无效问卷 17 份。深圳客家围屋保护与传承调查结果分析详见表 3-5。

表 3-5 深圳客家围屋保护与传承调查问卷的具体情况

调查人群	有效调查问卷（份）
初中生	171
高中生	142
大学生	120

（3）调查问卷分析（表 3-6）。

a. 青少年对深圳客家围屋的了解情况分析。

b. 青少年对深圳客家围屋特点的了解情况分析（多选）。

表 3-6 调查问卷分析

客家围屋的特点	选择次数/人次
防御功能强	163
安全坚固	145
体现客家传统文化	234
聚族而居，增加凝聚力	216
不知道	98

c. 青少年对政府保护力度与措施的看法调查分析（图 3-20）。

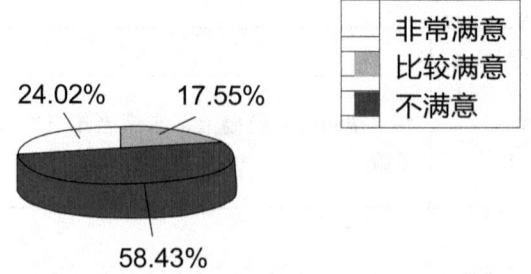

图 3-20 青少年对政府保护力度与措施的看法调查分析

d. 青少年对待深圳客家围屋保护所持的态度分析（表 3-7）。

表 3-7 青少年对深圳客家围屋保护所持的态度分析

调查对象的态度	选择人数/人	所占比例/%
客家围龙屋是中国流传下来的民居，属于历史文物，我们应该加大宣传和保护的力度	382	88.22
客家围龙屋只有一两百年的历史，不需要太大力度的保护	14	3.23
政府去保护客家围龙屋就可以了，我们不必要太关心	22	5.08
深圳地少人多，客家围龙屋占地面积太大，应该拆除	15	3.47

e. 青少年了解深圳客家围屋的途径调查分析（表 3-8）。

表 3-8 青少年了解深圳客家围屋的途径调查分析

了解客家围屋的途径	选择次数/次	占总数百分比/%
电视	63	11.75
网络	77	14.37
书籍、报纸、杂志	106	19.78
听别人说	100	18.66
亲身体验	71	13.25
其他	119	22.19

f. 青少年对深圳客家围屋是否有保存必要的观点分析（图3-21）。

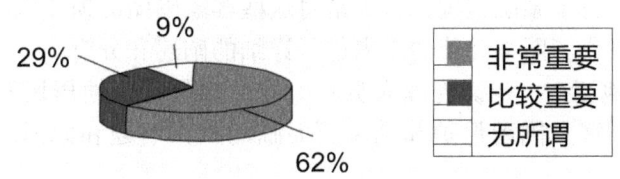

图3-21　青少年对深圳客家围屋是否有保存必要的观点分析

g. 青少年对深圳客家围屋的保护建议。据调查，大多数学生都建议政府加大宣传和保护力度，让更多市民了解深圳客家围屋的魅力和现状；少数学生还建议申请文化遗产保护，修建博物馆，进行原物保护等。

10. 深圳客家围屋保护中存在的问题及原因

（1）宣传力度不够。
（2）城市化进程的冲击。
（4）政策法规滞后。
（5）保护经费不足。
（6）产权关系不明。

11. 深圳客家围屋保护对策建议

（1）加大宣传力度。
（2）科学规划，整体保护。
（3）动态保护，合理开发。
（4）政府主导，强化法制。
（5）多渠道筹措资金。
（6）解决产权难题。

12. 结论与收获

（1）通过本次对深圳客家围屋和客家文化的调查研究，我深深地感受到古民居建筑是一种凝固的艺术，更是一部历史的教科书。
（2）通过该课题的研究，我学到了很多调查研究的知识和方法。
（3）通过对深圳19座代表性客家围屋的损毁现状的详细调查研究，我感受到了中华传统文化的博大精深，增强了我的民族自豪感。

13. 研究的创新点

（1）用图表的方式对深圳19座代表性客家围屋的基本形式、文化内涵与特色进行了分析和总结。

(2)对 19 座具有代表性的深圳客家围屋,按照形式、特点、规模、建筑年代、文物保护级别等进行了系统整理,特别是对这些客家围屋的损毁现状进行了细致的实地勘查记录,并制作了图文并茂的图表进行详细的阐述和分析。

(3)通过实地调查、走访管理人员和专家、教授、当地居民及围屋主人等,研究总结出当前深圳客家围屋保护和利用所面临的六大问题和原因,并提出一些保护对策。

(4)促成了深圳职业技术学院在重点围屋"鹤湖新居"建立实习基地,并建议该校开展以"走进客家围屋,感受深圳历史"为主题的第二课堂活动。

第四章 科创教育实践活动设计

第一节 趣味、简便、生活化的大气压实验探究活动

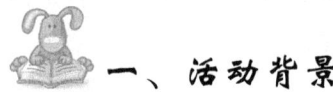
一、活动背景

物理是一门以实验为基础的学科，所有的物理知识都来源于实践，而所有的物理规律最终也要回到实践中去。如果实验、实验现象学生都只能从书本中看到，或者从老师的口中得知，那么学生学起来就觉得抽象、枯燥。

让学生学会把物理知识带回到生活中，应用物理知识做一些与日常生活有关的有趣实验，既增加了生活的丰富性，又得到了物理的感性认识，还培养了自觉实践、积极思考、努力探索的科学品质，可谓一举多得。

在初中物理教材"大气压强"这一章中，实验室里做大气压实验的器材，只够教师演示"马德堡半球实验"和"托里拆利实验"。由于水银有毒，托里拆利实验原则上不演示。这样教师便只演示马德堡半球实验。据此我们可以看出，实验室做大气压实验的器材明显不足。

我们生活在大气中，时时处处都离不开大气压，在学习大气压强时，利用学生熟悉的生活中的物品、材料、器具等，进行一些自创性、体验性、兴趣性、简易性、生活化的大气压小实验，不仅实验成本低，而且能将物理教学活动的空间范围扩展到学生的生活环境，广泛地与学生熟悉的事物创设联结，将课堂内外及课上课下互相融合。

在实验方式、方法上，大气压中的小实验灵活简便，且其实验过程富于生活化和趣味性，能极大地提高学生学习物理的热情，培养学生的观察能力，使学生掌握一定的实验技能，增强学生的创新精神和实验动手能力，激发学生对自然科学的热爱。

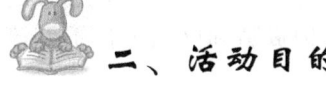
二、活动目的

（1）通过开展简便、灵活、生活化的大气压小实验探究活动，激发学生学习物理的乐趣，加深其对学科知识的理解，让学生感受到物理学的亲近、真实、可靠，能

切身体会到物理科学与自身实际生活、物理科学技术与社会发展及物理与人之间的关系，从而认识到物理来源于生活，学到的物理知识能应用于生活和社会。

（2）通过小实验探究活动，营造同学间的交流与互动情境，培养学生的团队合作精神。让学生掌握一定的科学实验方法和技巧，体验实验过程带来的快乐，提高自身的科学素养，增强对科学的兴趣和爱好，培养科学探究和创新精神。

（3）通过小实验探究活动，挖掘大气压中的实验方法和素材，收集大气压中的小实验，并进行综合归纳，整合编写一册"大气压中的小实验"，作为实验范本，供学生课外实验探究。

三、活动时间及活动主体

根据课程进度，学生学习大气压强的时间大致在每年的4月上旬，所以，活动时间应为4月中旬至6月上旬，活动主体是初二年级全体学生。

四、活动方式

（1）活动的实施方式：独立探究与交流互动结合，动脑思考与动手实验结合。
（2）活动的评价方式：学生自评、班组互评、教师终评。

五、活动过程

1. 研究活动方案（4月中旬）

参加人员包括教务处主任、物理学科主任、科技创新活动辅导老师、初二年级物理教师等。研究内容如下：

（1）活动时间：4月中旬至5月下旬。
（2）活动阶段设计：宣传动员→知识学习→教师演示→学生设计→小组交流→班级展示→初评预赛→终评决赛→总结评价→综合反馈。

学生根据反馈的小实验，课外自主动手探究，享受实验带来的乐趣。

（3）实验设计的要求：实验设计要求做到"五自"和"两性"。

"五自"即：自己确定实验名称；自己设计实验步骤；自己动脑思考、动手操作；自己撰写实验报告；自己解说实验原理。

"两性"即：科学性（包括实验名称、实验步骤的合理性，实验方法的正确性，实验报告的完整性和解说原理的准确性）；创新性（指在各种资料和网站上搜不到该实验，此要求不作为必要条件）。

（4）实验设计的评分标准（针对单个实验）：实验报告撰写完整10分；实验名称突出特点10分；实验器材获取简便10分；实验步骤安排合理10分；实验报告撰

写规范 10 分；实验原理解释正确 10 分；实验设计完全创新 40 分（无创新 0 分）。

（5）实验操作的评分标准（针对单个实验）：实验名称突出特点 5 分；实验器材获取简便 5 分；实验步骤安排合理 10 分；实验操作过程正确 10 分；实验原理解说清楚 10 分；实验报告撰写认真 10 分；实验动作熟练规范 10 分；实验设计完全创新 40 分（无创新 0 分）。

（6）奖励设置及总结评价：择优评比：①优胜班级 4 个。②优秀辅导教师（优胜班级的老师）设一等奖 10 名，二等奖 10 名，三等奖 30 名。

2．宣传动员阶段（4 月中旬）

教师给学生讲解活动的目的、意义，活动的方式、方法，实验设计的要求，评分细则及奖励标准。动员学生积极参与，鼓励学生勇于实践。

3．学习知识阶段（4 月 1 日至 4 月 20 日）

（1）学生在教师的指导下，学习课本上"大气压强"相关章节的知识，了解大气压强产生的原因，知道标准大气压和大气压的变化规律，会测量大气压的值，完成课本上大气压的小实验，掌握液体的沸点与压强的关系，能运用液体压强与流速的关系解释有关现象。

（2）教师创新设计一些与日常生活紧密联系的大气压小实验并进行演示示范，让学生根据实验现象，讨论实验原理、实验步骤和实验注意事项，解释有关现象。

4．设计实验阶段（4 月下旬）

学生利用课余时间，复习巩固知识，查阅资料，动脑思考，设计实验，寻找器材，动手操作，观察现象，撰写实验报告、感受和体会。

5．小组交流阶段（5 月上旬）

4 个同学组成一个小组，选一个小组长。每个同学在小组内，宣读自己设计的每个小实验的实验报告，演示实验步骤，讲解所需实验器材、实验原理、实验步骤及实验过程中的注意事项，其他同学对该同学的每个实验进行评价，并提出疑问和修改建议，使其实验更加完善。小组长综合本组的全部实验，以期在全班展示。

6．班级展示阶段（5 月中旬）

每组 4 个同学一起走上讲台，在本班合作演示本组优选出的小实验。由 1 名同学负责演示，1 名同学负责解说实验过程，1 名同学负责解释实验原理，1 名同学负责准备实验器材。演示完毕后，将优秀实验报告黏贴在班级宣传栏里展示两周。

7．预赛决赛阶段（5 月下旬）

每个班级向学校申报 10 篇实验报告，学校从收到的 80 篇中择优 50 篇，参加学校举行的"科技实践活动·大气压中的小实验设计大赛预赛"。

为了避免组织初二年级全体学生现场观看学生决赛时,绝大部分学生由于太远而看不清实验现象,我们将每个参赛选手决赛时的实验操作过程全程录像,并在总结大会上统一播放。这样,初二年级全体学生都能观看比赛实况。

由初三年级四位物理教师和高一年级两位物理教师担任评委,根据《实验设计和实验操作的评分标准》进行评价。

8. 总结评价阶段(5月下旬)

(1)评价班级:按照实验设计数、各班展示的小实验的数量和质量、实验操作评分、综合各班总分,结合在整个活动中的表现,评出4个优胜班级。

(2)评价老师:优胜班级的科任教师即为优秀辅导教师。

(3)评价学生:①定性评价。根据学生在整个活动中的态度、兴趣进行评价。②定量评价。根据学生的实验报告和实验操作进行评分。最后评出一等奖10名,二等奖10名,三等奖30名。

(4)撰写体会:获得一、二等奖的20名同学撰写活动体会。主要从以下7个方面谈心得:①评价自己在整个活动过程中的表现;②回顾自己学到了哪些知识和方法,学会了什么技能;③在小组交流时,得到了同学们的什么帮助,自己给其他同学的实验有哪些好建议;④创新性实验设计的灵感从何而来;⑤在选取实验器材和在做实验的过程中遇到过什么问题,是怎么解决的,实验设计方案修改了几次;⑥在此次活动中的最大收获是什么,哪件事最有趣、最快乐;⑦通过此次活动,对学习物理有了什么新的认识。

9. 综合反馈阶段(6月上旬)

(1)反馈评价结果。向师生反馈对班级的评价和对学生的评价结果,在初二年级"科技实践活动·大气压中的小实验设计大赛"总结表彰大会上,宣布获奖情况、颁发奖状,并将评价结果在学校橱窗长廊里公布两周时间。

(2)反馈小实验综合结果。将50个学生决赛时的视频在总结表彰大会上播放;将学生设计的完全创新的以下34个小实验编印成册,反馈给学生。

小实验1:

(1)实验名称:试管上爬。

(2)实验器材:2根粗细稍有不同的玻璃管、水。

(3)实验原理:大气压强大于水柱的压强。

(4)实验步骤:取2根粗细稍有不同的玻璃管,将粗玻璃管装满水后,把细管底部放入粗玻璃管中适当深度,然后将两根管一起倒过来,可以看见细玻璃管不下落反而上升,并且上升速度越来越快。

(5)实验解说:将粗玻璃管装满水后,把细管底部放入粗玻璃管中适当深度,然后将两根管一起倒过来，因为粗玻璃管中的水向下的压强小于细玻璃管内受到向上的大气压强，所以细玻璃管逐渐上升，而管中的水徐徐下流，由于水向下的压强越来越小，而大气压大小不变，因此细玻璃管上升速度越来越快。

（6）实验注意事项：细玻璃管的外径比粗玻璃管的内径小 5 mm 左右，如果细玻璃管的外径太小，则此实验不能成功。

小实验 2：

（1）实验名称：乒乓球悬空。

（2）实验器材：1 根两端开口的直角玻璃管、1 个乒乓球。

（3）实验原理：气体的流速越大，气体的压强越小。

（4）实验步骤：拿 1 根两端开口的直角玻璃管，令玻璃管的 1 条直角边水平，1 条直角边管口向上，向玻璃管内水平吹气，同时将乒乓球放在玻璃管另一端的管口上方，可看到乒乓球悬浮在空中而不会下落。

（5）实验解说：向玻璃管内水平吹气，将乒乓球放在玻璃管另一端的管口上方，由于气体的流速越大，压强越小，乒乓球一方面受到向上气流的支持力和向下的重力，另一方面受到周围大气压的作用力，当这些力平衡时，乒乓球即悬浮在空中。

（6）实验注意事项：①吹的气流越大效果越好，如果气流太小，乒乓球不会悬浮会下落；②两端开口的直角玻璃管向上的管口的内径在 1～2 mm 之间，不能太粗。

小实验 3：

（1）实验名称：水柱不落。

（2）实验器材：量筒、水、深水槽（深度比量筒的高度大）。

（3）实验原理：大气压可支持 10.3 m 高的水柱。

（4）实验步骤：将量筒装满水后浸入水槽的水中，口朝下，抓住筒底向上提，在筒口离开水面前，水柱不会下落。

（5）实验解说：因为水柱产生向下的压强远远小于作用在水面上的大气压强，所以，在筒口离开水面前，水柱不会下落。

（6）实验注意事项：①如果量筒内混入气体，那么，量筒内气体的压强加量筒内水柱的压强等于大气压。②量筒内的水柱的长短与量筒的粗细无关，只与量筒内是否有气体及气体的多少有关。

小实验 4：

（1）实验名称：玻璃难分。

（2）实验器材：两块玻璃、滴管、少许油或水。

（3）实验原理：大气压强向各个方向。

（4）实验步骤：取两块玻璃和滴管，在两玻璃中间滴入少许油或水后，两玻璃上下左右相对滑动几次，两块玻璃很容易滑动分开，却很难直接掰开。

（5）实验解说：在两块玻璃中间滴入少许油或水后，便排出了玻璃间的空气，两块玻璃在大气压的强大作用力下，如果玻璃只有"30 cm + 30 cm"，就需要90牛顿 + 90牛顿的力才能分开，所以，只能滑动分开，很难直接掰开。

（6）实验注意事项：①实验过程中注意玻璃滑落，摔在地上，导致伤人；②注意排出两块玻璃间的气体。

小实验5：

（1）实验名称：测大气压的值。

（2）实验器材：注射器、弹簧秤、直尺、橡皮帽、线。

（3）实验原理：匀速直线运动或静止的物体，受到的两个力是一对平衡力。

（4）实验步骤：取注射器、弹簧秤和直尺，用橡皮帽封住注射器针口，再用线系住注射器的活塞和弹簧秤挂钩，用力拉弹簧秤和注射器筒，使活塞匀速移动或停留在某一位置时，读出弹簧秤示数，即为大气对活塞的压力，测出圆筒内径并算出面积，用压力除以面积即可粗略算出大气压强的值。

（5）实验解说：用力拉弹簧秤和注射器筒，使活塞匀速移动或停留在某一位置时，活塞此时受到弹簧秤的拉力和大气压强产生的压力，这两个力是一对平衡力，所以，读出弹簧秤的示数，即为大气对活塞的压力。

（6）实验注意事项：弹簧秤拉着活塞匀速移动或者弹簧秤拉着活塞移动一段距离后，让活塞静止，都可以读出弹簧秤的示数，即为大气对活塞的压力。

小实验6：

（1）实验名称：注射器实验。

（2）实验器材：水槽、水、注射器。

（3）实验原理：①大气压强向各个方向；②人体内部的压强与大气压强相当；③气体的体积增大，压强减小。

（4）实验步骤：取注射器，把活塞推到底端，再把针口放入水中，提起活塞，水被压入筒内。把注射器的活塞拉至筒的中部，用手指堵住前端小孔，向筒内压活塞和向外拉活塞，体会手指有被压和被拉的感觉。将注射器活塞向下，针孔向上倒立，手拿住外筒，会观察到活塞从外筒内下落。将注射器活塞推到底部，用手指堵住针孔，重复上述过程，活塞不下落，放开手指，活塞又下落，手指堵住针孔，活塞不下落，如此反复。

（5）实验解说：把注射器的活塞推到底端，即排出筒内的空气，再把针口放入水中，提起活塞，此时筒内已没有气压，水在大气压强的作用下被压入筒内。把注射器的活塞拉至筒的中部，用手指堵住前端小孔，向筒内压活塞，此时，对手指的压强大于手指内的压强，手指皮肤有被压的感觉。向外拉活塞，此时，对手指的压强小于手指内的压强，手指皮肤有被向外拉的感觉。手指堵住针孔，活塞略下滑，使气体的体积增大，压强减小且小于外面的大气压，故活塞不下落。松开手指，活塞上端和下端都受到的大气压相等而抵消，由于活塞本身的重力而下滑。

（6）实验注意事项：向筒内压活塞和向外拉活塞，只要手指皮肤有感觉即可，不要将活塞向外拉得太多，以免伤着手指。要当心活塞掉落在地上。

小实验 7：

（1）实验名称：吸水喷水。

（2）实验器材：玻璃瓶、带盖子的细玻璃管、水。

（3）实验原理：气体的压强随着体积增大而减小，随着体积减小而增大。

（4）实验步骤：取玻璃瓶和带盖子的细玻璃管，往玻璃瓶里装水到大约 1/3 处，再将带盖子的细玻璃管插入瓶里的水中，并用盖子旋紧瓶口，使之密封不漏气。从管口往上吸水时，很难将水吸上来；松开盖子，则很容易将水吸上来。如果用盖子旋紧瓶口，向管内吹气后，停止吹气，将看到水从玻璃管中喷出。

（5）实验解说：往玻璃瓶里装水到大约 1/3 处，再将带盖子的细玻璃管插入瓶里的水中，并用盖子旋紧瓶口，使之密封不漏气。从管口往上吸水时，由于瓶内气压减小，且小于外面的大气压，很难将水吸上来；松开盖子，由于瓶内外气压相等，很容易将水吸上来。

如果用盖子旋紧瓶口，向管内吹气后，瓶内气体的压强大于瓶外的大气压强，停止吹气，水在瓶内气体的压强的作用下从玻璃管中喷出。

（6）实验注意事项：盖子一定要旋紧瓶口，使之密封不漏气。

小实验 8：

（1）实验名称：皮碗挂物。

（2）实验器材：两个皮碗。

（3）实验原理：大气压强。

（4）实验步骤：取两个皮碗，紧贴在平整的板面上，在皮碗的钩上能挂起重物。把两个皮碗紧紧压在一起，也很难分开。

（5）实验解说：皮碗紧贴在平整的板面上，排出了碗内的空气，大气就把皮碗紧紧地压在板面上。把两个皮碗紧紧压在一起，排出了碗内的空气，大气压就把皮碗紧紧地压在一起，很难分开。

（6）实验注意事项：碗内的空气排出得越彻底，实验效果越好。

小实验 9：

（1）实验名称：薄片托水。

（2）实验器材：1 个纸杯、1 张薄硬片、适量水。

（3）实验原理：大气压强很大且向各个方向。

（4）实验步骤：取纸杯和薄硬片，把纸杯装满水，用薄硬片盖住杯口，倒过来，薄片被紧紧地压在瓶口上，杯内的水不会下落。用针在纸杯底部扎个孔，水会迅速下落。

（5）实验解说：把纸杯装满水，即排出了杯内的空气，用薄硬片盖住杯口，倒过来，由于杯内水柱产生的向下的压强远远小于压在薄片上的向上的大气压强，因此薄片被紧紧地压在瓶口上，杯内的水不会下落。用针在纸杯底部扎个孔，杯内水受到的向上和向下的大气压相等，水由于自身的重力而下落。

（6）实验注意事项：①薄硬片不能太软；②如果实验中杯内混入了少量空气，实验也能成功。

小实验10：

（1）实验名称：测量液体的密度。

（2）实验器材：带橡皮管的三角玻璃管（其中两管平行，另一玻璃管口连有一小段橡皮管）、夹子、吸球、水、两个烧杯、待测液体。

（3）实验原理：气体的压强随着体积增大而减小。

（4）实验步骤：取带橡皮管的三角玻璃管、夹子和吸球，将两根平行玻璃管竖直放入盛水和盛有待测液体的烧杯中，用吸球向上面那支管内吸气，使两平行玻璃管内液柱上升一定的高度，用夹子夹住橡皮管，读出两管内液柱上升的高度 h，根据 $h_液 \cdot \rho_液 \cdot g = h_水 \cdot \rho_水 \cdot g$，则可算出待测液体的密度。

（5）实验解说：用吸球向上面那支管内吸气，则三支玻璃管内的气压减小，且小于管外的大气压，则水和液体在大气压作用下，被压入两管内，两管内液柱上升一定高度，用夹子夹住橡皮管，则两管内气压加液柱的压强等于大气压，所以两管内液柱产生的压强相等，读出两管内液柱上升的高度 $h_液$ 和 $h_水$，根据 $h_液 \cdot \rho_液 \cdot g = h_水 \cdot \rho_水 \cdot g$，则可算出待测液体的密度。

（6）实验注意事项：①用吸球向上面那支管内吸气，也可改用嘴吸，要注意慢慢吸，以免将液体吸入嘴内；②玻璃管内液柱的高度只能从烧杯中的液面算起。

小实验11：

（1）实验名称：空瓶吞蛋。

（2）实验器材：瓶口略小于鸡蛋的瓶子、角匙、砂子、酒精、棉花、剥壳的熟鸡蛋。

（3）实验原理：气体的温度升高，体积膨胀，温度降低，体积减小，气压减小。

（4）实验步骤：取瓶子和角匙，在瓶底放少许砂子，点燃浸有酒精的棉花，放入瓶里，迅速把剥壳的熟鸡蛋堵在瓶口上，鸡蛋会被瓶子慢慢吞入瓶内。

（5）实验解说：在瓶底放少许砂子，是为防止瓶子破裂，点燃浸有酒精的棉花，放入瓶里，使瓶内气体受热膨胀，迅速把剥壳的熟鸡蛋堵在瓶口上，由于瓶内温度逐渐降低而气压不断减小，且小于大气压，鸡蛋就被大气压慢慢压入瓶内。

（6）实验注意事项：瓶口只能比鸡蛋略小，如果太小，鸡蛋会被压破。

小实验12：

（1）实验名称：自制水气压计。

（2）实验器材：玻璃瓶、带盖子的细玻璃管、水。

（3）实验原理：水柱的压强加气体的压强等于大气压强。

（4）实验步骤：取玻璃瓶和带盖子的细玻璃管，往玻璃瓶里装水到大约 1/3 处，再将带盖子的细玻璃管插入瓶里的水中，并用盖子旋紧瓶口。从细管口往瓶里适当吹气，停止吹气后，细管中将上升一段水柱。在细玻璃管上均匀地刻上大气压的值，即为水气压计。

（5）实验解说：将带盖子的细玻璃管插入瓶里的水中，并用盖子旋紧瓶口，使之密封不漏气。从细管口往瓶里适当吹气后，使瓶内的气压大于瓶外的大气压强，停止吹气后，在瓶内的气压的作用下，细管中将上升一段水柱。当大气压增大时，水柱下降；当大气压减小时，水柱上升，由于水柱的高度也随大气压的变化而变化，因此在细玻璃管上刻上对应的大气压的值即为水气压计。

（6）实验注意事项：①瓶口一定要密封严；②瓶内的水不能太多。

小实验 13：

（1）实验名称：吹不落的乒乓球。

（2）实验器材：漏斗、乒乓球。

（3）实验原理：气体的流速越大，压强越小。

（4）实验步骤：取漏斗和乒乓球，从漏斗颈口向下吹气，把乒乓球放在漏斗口内，乒乓球被压在漏斗里，不会下落。

（5）实验解说：从漏斗颈口向下吹气，把乒乓球放在漏斗口，由于气体的流速越大，压强越小，乒乓球上面和侧面受到气体的压强小于乒乓球下面受到向上的压强，因此乒乓球被大气压在漏斗里。

（6）实验注意事项：所吹的气流越大效果越好。

小实验 14：

（1）实验名称：扒火罐。

（2）实验器材：玻璃筒、酒精灯、火柴。

（3）实验原理：人体内部的压强与大气压相当。

（4）实验步骤：取玻璃筒，点燃酒精灯，将玻璃筒口朝下移入火焰（注意：迅速离开，不要让玻璃筒过热，以免烫伤皮肤），再迅速将筒口压在人体的某个部位上，玻璃筒则紧紧地"吸"在皮肤上。医生常用此法吸出病人患处的瘀血。

（5）实验解说：筒口朝下将玻璃筒移入火焰（注意：迅速离开，不要让玻璃筒过热，以免烫伤皮肤），使筒内的气体受热膨胀，再迅速将筒口压在人体的某个部位上，这时，玻璃筒内气体温度又降低，气体的压强减小，当气压小于人体内部的压强时，皮肤就被压入玻璃筒内，玻璃筒则紧紧地"吸"在皮肤上。

（6）实验注意事项：①玻璃筒移入火焰后要迅速离开；②玻璃筒离开火焰后，瓶口不要向上。

小实验 15：

（1）实验名称：漏管提水。

（2）实验器材：1 根两端开口的玻璃管、2 个烧杯、适量水。

（3）实验原理：大气压强的方向向各个方向和气体的压强随体积增大而减小。

（4）实验步骤：取一根两端开口的细玻璃管，一端插入水中，然后用手指堵住玻璃上端管口，提起玻璃管时，当管口离开水面后，管内仍有一段水柱被提起，放开手指，水柱下落。

（5）实验解说：两端开口的细玻璃管一端插入水中，然后用手指堵住玻璃上端管口，提起玻璃管时，管内气体的体积增大，压强减小，且小于大气压强，所以，当管口离开水面后，管内仍有一段水柱被提起，此时，管内气体的压强加上水柱产生的压强等于大气压强。放开手指，管内进入大气，管内外对管内水柱的大气压的大小相等，方向相反，相互抵消，水柱由于自身的重力而下落。

（6）实验注意事项：此实验使用的两端开口的细玻璃管，内径不能超过 1 cm，否则实验不能成功。

小实验 16：

（1）实验名称：纸断筷子。

（2）实验器材：1 张报纸、1 把锤子、1 支木筷子。

（3）实验原理：大气压强。

（4）实验步骤：把筷子放置在水平桌面的边缘，使筷子粗端在桌面上，筷子约三分之一的长度露在桌外。把报纸折叠成两层后平铺在桌面上，用手压报纸，将报纸与桌面间的空气尽量压出，使报纸与筷子接触处的缝隙越小越好，最后报纸展平并压实在桌面上。用锤子迅速击打卫生筷露出桌面的部分，卫生筷就会被折断。

（5）实验解说：当击打筷子时，筷子对报纸有一个向上的力，这个力会使筷子处的报纸突然向上移动，报纸向上移动得越快，进入报纸下面的空气速度就会越大，而这时报纸上面的空气几乎是不动的，这样报纸下面的气体压强就会比报纸上面的气体压强小，再加上报纸的面积又比较大，所以报纸会受到一个向下的很大的气体压力，这个压力会把筷子在桌面上的部分牢牢地压在桌面上，当有外力击打筷子露在桌面外的部分时，筷子就会断裂。

（6）实验注意事项：用锤子击打伸出桌面的筷子时，速度越快越好。

小实验 17：

（1）实验名称：吹不开的纸片。

（2）实验器材：2 张常用的纸片。

（3）实验原理：气体的流速越大，压强越小。

（4）实验步骤：用两手竖直提起两纸片，使两纸片在竖直方向平行，且相距约 10 cm。用嘴对着两纸片的中间向下吹气，纸片不仅不分开，反而合拢。

（5）实验解说：用嘴对着两纸片的中间向下吹气，纸片间气体的流速增大，压强减小，两纸片外面的大气压比两纸片之间的气压大，故将纸片压近。这就是普通飞机能上升的原理。

（6）实验注意事项：①纸片不能太厚；②两纸片间的距离不能太大。

小实验 18：

（1）实验名称：会跳舞的塑料瓶。

（2）实验器材：1 个饮料瓶、适量热水。

（3）实验原理：气体的温度降低，压强减小。

（4）实验步骤：在空塑料瓶里灌些热水，然后倒掉，再旋紧瓶盖。过一会儿，会看到瓶子扭曲变形且向里瘪。

（5）实验解说：把空塑料瓶里的热水倒掉，再旋紧瓶盖，则密闭在瓶里的是热空气。当温度逐渐降低，瓶里的气压减小。当瓶里的气压减到小于瓶子外的大气压时，瓶子就得向里瘪。

（6）实验注意事项：①热水不要太热，以免烫伤或烫坏塑料瓶；②瓶盖要旋紧，不能漏气。

小实验 19：

（1）实验名称：吹气喷水。

（2）实验器材：1 只烧杯、适量水、2 支细玻璃管。

（3）实验原理：气体的流速越大，压强越小。

（4）实验步骤：把一支玻璃管竖直插入水中，用另一支玻璃管对着它的上端管口水平吹气时，会有水从管口呈雾状喷出。

（5）实验解说：把一支玻璃管插入水中，用另一支玻璃管对着它的上端管口水平吹气时，管的上端管口气体的流速增大，气体的压强减小，玻璃管内的水柱在外面大气压的作用下向上运动到顶端管口被气流吹开。

（6）实验注意事项：①另一支玻璃管口对着玻璃管的上端管口吹气时，两管口位置适当；②吹的气流越大，效果越明显。

小实验 20：

（1）实验名称：瓶盖控水。

（2）实验器材：1 个塑料饮料瓶（带盖）、若干针、适量水。

（3）实验原理：大气压强向各个方向。

（4）实验步骤：将塑料饮料瓶侧壁的不同部位（上、中、下）用针扎上 3 个小孔。将扎有小孔的饮料瓶装满水，可看到 3 个小孔有水喷出，且远近不同。将瓶盖盖住、拧紧，可观察到 3 个小孔的水不再喷出；松开瓶盖，水又喷出。即盖子可以完全控制水能否喷出。

（5）实验解说：将瓶盖盖住、拧紧，瓶里水柱的压强小于瓶外的大气压，故水不能喷出。松开瓶盖，瓶口处的大气压与瓶外小孔处的大气压相等而抵消，瓶内水柱的压强使水喷出。

（6）实验注意事项：①小孔不能太大；②瓶身越长效果越好。

小实验 21：

（1）实验名称：烧杯吸水。

(2)实验器材:水槽、水、一小段蜡烛、烧杯。

(3)实验原理:气体的温度降低,压强减小。

(4)实验步骤:点燃一小段蜡烛,用蜡烛油把蜡烛固定在水槽底上。再把水倒进水槽里(不要太多)。然后,把透明的烧杯罩在蜡烛上。过了一会儿,蜡烛就熄灭了,杯子里的水面会慢慢升高一段高度。

(5)实验解说:蜡烛熄灭后,气体的温度会降低,气体的压强也随之减小。由于杯子里的气压比外面的大气压低,水被压到杯子里,杯子里的水面升高。

(6)实验注意事项:蜡烛应比烧杯的高度短很多。

小实验22:

(1)实验名称:易拉罐唱歌。

(2)实验器材:铁架台、酒精灯、石棉网、铝质易拉罐、1盆冷水、细铁丝。

(3)实验原理:气体的温度降低,压强减小。

(4)实验步骤:取1个空的铝质易拉罐及1盆冷水,罐口缠上铁丝并固定,将铁丝拧成柄状,往易拉罐中加入少许水,利用铁架台将易拉罐放在酒精灯上加热至沸腾,并继续加热几秒,迅速(持铁丝柄)将易拉罐倒扣到冷水中,会看到易拉罐被压扁且发出巨大的响声。

(5)实验解说:易拉罐放在酒精灯上加热至沸腾,继续加热后,易拉罐里的水变成水蒸气排除罐内的部分空气,且罐内水蒸气的密度很小。当迅速(持铁丝柄)将易拉罐倒扣到冷水中时,易拉罐里的水蒸气遇冷液化成小水珠,罐里气体的密度和温度都减小,则气体的压强迅速减小。当罐内气压小于外面的大气压时,在外面大气压的作用下易拉罐被压扁且发出巨大的响声。

(6)实验注意事项:实验者应有思想准备,以防惊慌中碰到其他实验仪器而被烫伤甚至引起火灾。本实验有一定的危险性,建议在老师的指导下进行。

小实验23:

(1)实验名称:热水沸腾。

(2)实验器材:注射器、刚停止沸腾的水、橡皮帽。

(3)实验原理:液体的沸点随压强的减小而降低。

(4)实验步骤:将注射器的活塞推到筒的底部,将针口放入刚停止沸腾的水中,提起活塞,有热水被吸入筒内,用橡皮帽堵住针口,继续向外拉活塞,会看到热水沸腾。

(5)实验解说:用橡皮帽堵住针口,继续向外拉活塞。此时,筒内气体的体积增大,气体的压强减小,水的沸点降低,当沸点降低到与热水的温度相同时,热水就会沸腾。

(6)实验注意事项:①热水的温度只能比常温下液体的沸点略低;②注意热水烫伤。

第四章 科创教育实践活动设计

小实验 24：

（1）实验名称：茶壶倒水。

（2）实验器材：紫砂壶、水、烧杯。

（3）实验原理：气体的压强随体积的增大而减小。

（4）实验步骤：在紫砂壶里盛大半壶水，用手指按住壶盖上的小孔，通过壶嘴往烧杯里倒水，水流很小，不易倒出。放开手指，水流即刻变大变急。

（5）实验解说：用手指按住壶盖上的小孔，通过壶嘴往烧杯里倒水，此时由于紫砂壶密封较好，壶内气体的质量不变，体积增大，则气体的压强减小，且小于大气压对壶嘴的压强，故不易倒出。

（6）实验注意事项：紫砂壶的壶盖与壶身应密封性较好。

小实验 25：

（1）实验名称：萝卜吸盘。

（2）实验器材：1 只萝卜、1 把刀、1 只盘子。

（3）实验原理：气体的压强随体积的增大而减小，大气压强向各个方向。

（4）实验步骤：找 1 个新鲜的大萝卜，将它拦腰一刀切开。在带根的那一半切面的中心处挖 1 个圆坑，将它紧紧地压在 1 个干净的盘子中心。抓住萝卜根向上提时，盘子也跟着被提起来，它们好像牢牢"黏"在一起似的。

（5）实验解说：将萝卜紧紧地压在盘子中心，是为了挤出圆坑内的空气，从而使里面气体的压强小于外面的大气压强，靠压力差使萝卜和盘子牢牢"粘"在一起。

（6）实验注意事项：①萝卜上挖的坑不要太深；②坑的面积应适当大一些；③刀切萝卜时，切面越平越好。

小实验 26：

（1）实验名称：大雪纷飞。

（2）实验器材：1 个大量筒、适量泡沫颗粒、1 根喝饮料的吸管。

（3）实验原理：气体的压强随流速的增大而减小。

（4）实验步骤：将注满泡沫颗粒的量筒，放在水平桌面上，用吸管水平向瓶口吹气，可看到筒内的泡沫颗粒纷纷飞出，好似大雪纷飞。

（5）实验解说：用吸管水平向筒口吹气，使筒口的气体流速增大，气压减小，筒内泡沫颗粒在大气压的作用下向上升后，被气流吹跑。

（6）实验注意事项：用吸管水平吹气时，管口应放在适当的位置。

小实验 27：

（1）实验名称：小瓶挂脸。

（2）实验器材：1 个小瓶。

（3）实验原理：气体的压强随气体体积增大而减小。

（4）实验步骤：将 1 个小瓶的口放在嘴边，用嘴向瓶内吸气，并且一边吸气一边把瓶口压在上唇或下唇上，放开手，瓶将挂在嘴上。还可以把挂在嘴上的小瓶慢慢移到面部，让小瓶挂在脸上。

（5）实验解说：向瓶内吸气，则瓶内的气压减小，由于人体内部的压强大于瓶内气体的压强，因此把皮肤紧紧地压在瓶口上。

（6）实验注意事项：要保证瓶口与皮肤之间不漏气。

小实验28：

（1）实验名称：吹不翻的纸片。

（2）实验器材：1张名片或扑克牌。

（3）实验原理：气体的压强随流速的增大而减小。

（4）实验步骤：先将1张扑克牌对折成90°，然后将折叠后的扑克牌放在水平桌面上，使凹进去的部分朝向桌面，用力向折角内水平吹气，可以看到扑克牌纹丝不动。

（5）实验解说：向折角内水平吹气，则折角内空气的流速增大。由于气体的压强随流速的增大而减小，折角内的气压小于折角外的大气压，因此扑克牌被压在桌面上不会翻动。

（6）实验注意事项：要水平吹气。

小实验29：

（1）实验名称：玻璃杯难分。

（2）实验器材：2个相同的玻璃杯、1张湿纸巾、1根蜡烛（长度约为杯高的1/2）、若干火柴。

（3）实验原理：气体的温度升高，压强增大；温度降低，压强减小。

（4）实验步骤：首先将蜡烛立在第一个玻璃杯的底部，点燃蜡烛；然后将湿纸巾盖在第一个玻璃杯的杯口上；最后将另一个玻璃杯的杯口对准第一个玻璃杯的杯口并扣上。当蜡烛熄灭后，可以看见两杯紧紧地连在了一起。

（5）实验解说：蜡烛熄灭后，杯内的气压小于杯外的大气压，两杯由于受到气体的压强差而紧紧地压在一起。

（6）实验注意事项：要保证两个杯口之间不向外漏气。

小实验30：

（1）实验名称：吸管穿土豆。

（2）实验器材：1个土豆、2根平常喝饮料的塑料软管。

（3）实验原理：气体的体积减小，压强增大。

（4）实验步骤：将1根吸管的上端用大拇指堵住，将吸管下端迅速插入土豆，可将土豆穿过；换用另1根吸管，不堵住上端管口，将吸管下端迅速插入土豆，吸管折弯，不能穿入土豆。

（5）实验解说：当吸管的上端用大拇指堵住时，在吸管下端迅速插向土豆和正插入土豆的过程中，管内气体的体积减小，气压增大，且大于外面的大气压，故吸管不易折弯，并能插入土豆。

（6）实验注意事项：吸管在插入土豆时，速度要快。

小实验 31：

（1）实验名称：吸管牵球。

（2）实验器材：水槽、水、2个小石块、乒乓球、吸管。

（3）实验原理：气体的流速增大，压强减小。

（4）实验步骤：将2个小石块分别放在水槽中不同的地方，往水槽里加水（不要淹没石块），将乒乓球放在水槽中静止不动，用吸管对着球的一侧吹气，吸管可引着球在水槽中绕过石块，从水槽的一边到另一边。

（5）实验解说：用吸管对着球的一侧吹气，气体的流速增大，压强减小，球的其他侧面的大气压把球压向吸管。

（6）实验注意事项：吸管与球的距离和气流要适当。

小实验 32：

（1）实验名称：空瓶吸物。

（2）实验器材：酒精灯、火柴、空瓶、小块玻璃、水、气球。

（3）实验原理：温度降低，气体的压强减小。

（4）实验步骤：①点燃酒精灯，将空瓶口朝下放在酒精灯火焰上方，向瓶内空气适当加热后，迅速将瓶口压在已吹气的气球上，瓶口能吸起气球。②点燃酒精灯，将空瓶口朝下放在酒精灯火焰上方，向瓶内空气适当加热后，迅速将瓶口压在已在表面涂有少许水的玻璃上，瓶口能吸起玻璃。

（5）实验解说：将空瓶口朝下放在酒精灯火焰上方，向瓶内空气适当加热后，瓶内气体膨胀，迅速将瓶口压在物体上后，瓶内气体温度降低，压强减小，且小于大气压，物体在大气压的作用下，被压在瓶口上。

（6）实验注意事项：瓶子在空中移动的距离不能太长，移动时瓶口不能向上。

小实验 33：

（1）实验名称：抽气吹气球。

（2）实验器材：带瓶塞的管口瓶、中有2根细玻璃管（穿过瓶塞）、小气球、注射器。

（3）实验原理：气体的压强随体积的增大而减小。

（4）实验步骤：将小气球口套在瓶塞中的1根细玻璃管口上，将带有2根细玻璃管和小气球的瓶塞塞紧瓶口，让气球进入瓶内，用注射器在瓶塞中的另一细玻璃管向外吸气，可以看到瓶内气球变大，用注射器向瓶中压气，则瓶内气球变小变瘪。

（5）实验解说：用注射器向瓶塞中的另一细玻璃管吸气时，瓶内气压减小。由于瓶内气球通过细管与大气压连通，当大气压大于瓶内气压时，则气球变大，反之，气球变小。

（6）实验注意事项：瓶塞与瓶口应密封好。

小实验34：

（1）实验名称：瘪球不瘪。

（2）实验器材：乒乓球、开水。

（3）实验原理：气体的压强随温度的升高而增大。

（4）实验步骤：将乒乓球压瘪后，放在开水中，一会儿瘪乒乓球就变成圆乒乓球。

（5）实验解说：瘪乒乓球放在开水中，球内的气体的温度升高压强增大，就把瘪球向外压圆了。

（6）实验注意事项：①将乒乓球压瘪时不能压破；②开水的温度不能太低。

10. 学生享受阶段（6月中旬至今）

鼓励学生在课外和假期，利用日常生活中的材料、物品，根据学校整理成册的"大气压中的小实验"，享受34个有趣实验带来的快乐，在快乐的实验中感悟实验原理。

六、活动收获

（1）培养了学生的动脑动手能力。

初二年级共348名学生，全员参与。通过此次活动，学生不仅学会了撰写实验报告，而且锻炼了实验操作本领，培养了团队合作精神。

（2）拓宽了学生的学习空间。

学生将理论知识与实际应用相结合，将物理知识融入日常生活中，丰富了物理知识的内涵与外延，激发了学生学习物理的热情和兴趣。

（3）为学生做趣味实验提供了样本和依据。

在本次探究活动中，学生共撰写实验报告686篇，做小实验700多次，办优秀小实验成果展示专栏8个，撰写优秀活动体会20篇。活动后，教师将686个小实验综合归纳，整理出大气压中的小实验34个，并将包含34个小实验的"大气压中的小实验"册子发给学生，供学生课外和假期阅读。在实验中玩，在玩中实验。

附件1　大气压中的小实验设计大赛

一、活动目的

我们生活在大气中，时时处处都离不开大气。学习"大气压强"章节后，可以利用我们熟悉的生活中的物品、材料、器具等，进行一些具有自创性、体验性、趣味性、简易性、生活化的大气压小实验。营造同学间的交流与互动情境，培养团队合作精神，掌握一定的科学实验方法和技巧，体验实验过程带来的快乐，增强对科学的兴趣和爱好，培养科学探究和创新精神。

二、活动阶段设计

宣传动员→知识学习→教师演示→学生设计→小组交流→班级展示→初评预赛→终评决赛→总结评价→综合反馈→学生根据反馈的小实验课外自主动手探究。

三、实验设计要求

实验设计要求做到"五自"和"两性"。

"五自"为：①自己确定实验名称；②自己设计实验步骤；③自己动脑动手操作；④自己撰写实验报告；⑤自己解说实验原理。两性为：①科学性（包括实验名称、实验步骤的合理性和实验方法的正确性、实验报告的完整性和解说原理的可靠性）；②创新性（指在各种资料和网站上搜不到该实验，此要求不作为必要条件）。

四、奖励及评分细则

（1）实验设计的评分标准（针对单个实验）：实验报告撰写完整10分；实验名称突出特点10分；实验器材获取简便10分；实验步骤安排合理10分；实验报告撰写规范10分；实验原理解释正确10分；实验设计完全创新40分（无创新0分）。

（2）实验操作的评分标准（针对单个实验）：实验名称突出特点5分；实验器材获取简便5分；实验步骤安排合理10分；实验操作过程正确10分；实验原理解说清楚10分；实验报告撰写认真10分；实验动作熟练规范10分；实验设计完全创新40分（无创新0分）。

根据分数择优评比：①优胜班级4个；②优秀辅导教师（优胜班级的老师）；③

优秀学生小实验之星 10 名,一等奖 10 名,二等奖 5 名,三等奖 5 名。

五、实验报告示例

(1) 实验名称:漏管提水。

(2) 实验器材:1 根两端开口的玻璃管、2 个烧杯、适量水。

(3) 实验原理:大气压强的方向向各个方向和气体的压强随体积增大而减小。

(4) 实验步骤:取 1 根两端开口的细玻璃管,一端插入水中,然后用手指堵住玻璃上端管口,提起玻璃管时,当管口离开水面后,管内仍有一段水柱被提起,放开手指,水柱下落。

(5) 实验解说:将两端开口的细玻璃管一端插入水中,然后用手指堵住玻璃上端管口,提起玻璃管时,管内气体的体积增大,压强减小,且小于大气压强,所以,当管口离开水面后,管内仍有一段水柱被提起,此时,管内气体的压强加上水柱产生的压强等于大气压强。放开手指,管内进入大气,管内外对管内水柱的大气压的大小相等,方向相反,相互抵消,水柱由于自身的重力而下落。

(6) 实验注意事项:此实验使用的两端开口的细玻璃管,内径不能超过 1 cm,否则,由于水的表面张力,实验不能成功。

附件2 大气压中的小实验申报表

班级_____   姓名_____

1. 实验名称：

2. 实验器材：

3. 实验原理：

4. 实验步骤：

5. 实验解说：

6. 实验注意事项：

附件3 大气压中的小实验设计大赛决赛评价表

班级_____ 学生姓名_____ 指导教师_____

以下实验报告由学生填写。

1. 实验名称：

2. 实验器材：

3. 实验原理：

4. 实验步骤：

5. 实验解说：

6. 实验注意事项：

实验设计及实验操作评分标准（100 分）

实验名称突出特点（5分）		实验报告撰写认真（10分）	
实验器材获取简便（5分）		实验步骤安排合理（10分）	
实验操作过程正确（10分）		实验原理解说清楚（10分）	
实验动作熟练规范（10分）		实验设计完全创新（40分）	

综合得分：   评委签名：

附件4 大气压中的小实验设计大赛决赛评价

班级	实验名称	得分	态度、兴趣评价	获奖等级
初二（2）班	吸管导航	98	优	1
初二（7）班	吹气球与吸气球	92	优	1
初二（7）班	瓶中喷泉	95	优	1
初二（7）班	瓶吸保鲜膜	90	优	1
初二（4）班	吸气提水　吹气喷水	96	优	1
初二（4）班	魔幻喷泉	91	优	1
初二（7）班	小瓶吸板	92	优	1
初二（2）班	小瓶盖爬升	90	优	1
初二（4）班	不落的水	90	优	1
初二（3）班	吸管喷雾器	90	优	1
初二（4）班	吹气喷泉	86	优	2
初二（8）班	火柴升降机	82	优	2
初二（6）班	空瓶变偏	80	优	2
初二（3）班	大雪纷飞	88	优	2
初二（7）班	空瓶吸球	83	优	2
初二（7）班	难分的两杯	81	优	2
初二（6）班	沸点与压强	88	优	2
初二（6）班	鲤鱼跳龙门	80	优	2
初二（8）班	抽气吹气球	84	优	2
初二（1）班	易拉罐唱歌	80	优	2
初二（2）班	乒乓球能飘	58	优	3
初二（2）班	自制挡雨伞	50	优	3
初二（7）班	蜡烛吸水	53	优	3
初二（2）班	口渴杯子	52	优	3
初二（2）班	压住筷子的报纸	50	优	3
初二（4）班	水中取硬币	53	优	3

续上表

班级	实验名称	得分	态度、兴趣评价	获奖等级
初二（4）班	冉冉水中烛	55	优	3
初二（3）班	纸片不动	50	优	3
初二（4）班	分不开的玻璃杯	58	优	3
初二（2）班	吸管穿土豆	50	优	3
初二（3）班	谁灭了我的蜡烛	51	优	3
初二（3）班	软管穿土豆	50	优	3
初二（1）班	想喷就喷的喷泉	54	优	3
初二（1）班	热瓶变扁	58	优	3
初二（1）班	吹不翻的纸片	51	优	3
初二（2）班	不会流下去的水	54	优	3
初二（3）班	扒火罐	58	优	3
初二（2）班	烧瓶吸水	54	优	3
初二（2）班	吹不落的球	57	优	3
初二（2）班	茶壶倒水	52	优	3
初二（7）班	报纸难分	51	优	3
初二（7）班	纸断木棒	51	优	3
初二（7）班	试管上升	52	优	3
初二（6）班	气压水阀门	56	优	3
初二（8）班	皮碗挂物	57	优	3
初二（6）班	简易气压计	58	优	3
初二（8）班	瓶子吞蛋	55	优	3
初二（8）班	魔术盒剖析实验	50	优	3
初二（5）班	小瓶挂脸	59	优	3
初二（5）班	测大气压的值	58	优	3

附件 5　班级设计实验及实验操作评价

班级	应交份数/份	实交份数/份	设计实验数	得分	实验操作得分	总分
初二（1）班	42	42	83	99	249	348
初二（2）班	47	47	94	100	659	759
初二（3）班	41	41	81	99	380	479
初二（4）班	45	45	90	100	521	621
初二（5）班	47	47	92	98	117	215
初二（6）班	41	41	79	97	338	435
初二（7）班	41	41	82	100	740	840
初二（8）班	44	44	85	97	286	383
合计	348	348	686	790	3289	4080

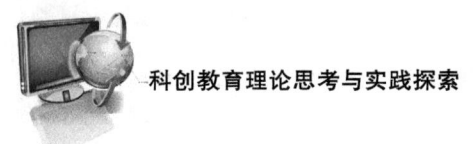

第二节 珍爱生命、健康成长——"四爱"科技实践活动

 一、活动背景

（1）据中国青少年研究中心的全国性大型调查发现，中小学生因安全事故、食物中毒、溺水、自杀等死亡的，平均每天有40多人，就是说几乎每天有一个班的学生在"消失"。专家指出，通过安全教育，提高中小学生的自我保护能力，80%的意外伤害将可以避免。

（2）什么最宝贵，生命最宝贵。杨柳枯了，有再青的时候；桃花谢了，有再开的时候，然而，生命只有一次。"珍爱生命，健康成长"要求我们懂得生命不仅属于自己，而且属于父母、家庭、社会，属于许许多多关心爱护我们的人。所以，关爱自己，珍爱自己的生命，是每个人义不容辞的责任。

（3）对学生实施珍爱生命的教育，不能空洞说教，要研究方式方法。以全国"爱牙日""爱耳日""爱鼻日""爱眼日"（"四爱日"）为契机，开展"四爱四护"（"四护"指护牙、护耳、护鼻、护眼）系列科技实践活动，就是对学生进行珍爱生命教育的实质性举措。

 二、活动目的

（1）每年9月20日是全国"爱牙日"，活动主题为"健康口腔，幸福家庭"。以"爱牙日"为契机，开展科技实践活动，旨在普及口腔卫生保健知识，动员社区和家庭关注口腔健康，增强居民防治牙周疾病的意识和能力，提高学生对爱牙和保健牙齿重要意义的认识，增强口腔健康观念和自我口腔保健意识，真正做到养成良好的卫生习惯，减少口腔疾病的发生。

（2）每年3月3日是全国"爱耳日"，活动主题为"健康听力，幸福人生"。以"爱耳日"为契机，开展科技实践活动，旨在普及爱耳护耳知识，动员同学们关注耳朵健康，增强学生防治耳朵疾病的意识和能力，真正做到养成良好的爱耳护耳习惯，减少耳朵疾病的发生。

（3）每年4月份的第二个星期六是全国"爱鼻日"，活动主题是"鼻腔健康，呼吸畅通"。一直以来，刷牙、洗脸是人们日常生活中必不可少的卫生习惯。然而，环境污染、汽车尾气、细菌灰尘等时刻影响鼻腔的健康。鼻子的清洗往往被忽视，成为被遗忘的"角落"。以"爱鼻日"为契机，开展科技实践活动，提高同学们对鼻子保健重要意义的认识，增强鼻子的自我保护意识，真正做到养成良好的爱鼻护鼻习惯，减少鼻腔疾病的发生。

（4）每年6月6日是全国"爱眼日"，活动主题是"汇聚中国梦，消灭致盲性沙眼"。以"爱眼日"为契机，开展系列科技实践活动，让更多的学生掌握眼睛保健知识，培养科学的用眼习惯和用眼卫生，降低眼病发生率和致盲率。

（5）利用"四爱"日这一大环境，围绕主题，开展内容丰富、形式多样的科技实践活动，使学生对健康的认识更加深刻，对生命的意义理解更加透彻；培养学生健全的人格，教育学生以积极、乐观的心态对待困难和挫折，珍惜生命、热爱生活、努力实现自身价值，同时提高学生的社会实践能力。

三、活动过程

1. 成立科技活动小组

成立四个科技活动小组，第一组为"爱牙护牙"科技活动小组，第二组为"爱耳护耳"科技活动小组，第三组为"爱鼻护鼻"科技活动小组，第四组为"爱眼护眼"科技活动小组。

2. 制定科技活动计划

（1）"爱牙护牙"科技小组活动计划（表4-1）。

表 4-1

每年活动时间	活动内容
8.1—8.4	制订活动计划
8.5—8.20	学习"爱牙护牙"知识
8.21—8.30	到市第二人民医院牙科室请教牙科专家
9.11—9.20	学校开展活动
9.21—9.30	到学校周边社区、公园、商场开展活动

（2）"爱耳护耳"科技小组活动计划（表4-2）。

表 4-2

每年活动时间	活动内容
2.1—2.4	制订活动计划
2.5—2.8	学习爱耳护耳知识
2.9—2.19	到北大医院深圳分院耳科请教专家

续上表

每年活动时间	活动内容
2.20—3.3	学校开展活动
3.4—9.10	到学校周边社区、公园、商场开展活动

（3）"爱鼻护鼻"科技小组活动计划（表4-3）。

表4-3

每年活动时间	活动内容
2.1—2.4	制订活动计划
2.5—2.8	学习爱鼻护鼻知识
2.9—2.19	到北大医院深圳分院鼻科请教专家
4.6—4.13	学校开展活动
4.14—4.21	到学校周边社区、公园、商场开展活动

（4）"爱眼护眼"科技小组活动计划（表4-4）。

表4-4

每年活动时间	活动内容
2.1—2.4	制订活动计划
2.5—2.8	学习爱眼护眼知识
2.9—2.19	到深圳眼科医院请教专家
5.25—6.6	开展活动
6.7—6.16	到学校周边社区、公园、商场开展活动

3. 开展"四爱四护"系列活动

"四爱四护"科技活动小组，立足于学校实际，紧紧围绕活动主题，以广泛性、公益性、社会性为原则，创新宣传形式，采用多种方式开展活动。

开展"四爱四护"长知识、"四爱四护"编歌谣、"四爱四护"在校园、"四爱四护"进社区、"四爱四护"考考你等系列科技实践活动。

（1）"四爱四护"长知识。科技活动小组的同学们，利用节假日，查阅"四爱四护"资料，请教牙、耳、鼻、眼科专家。采取自主学习、合作学习、探究学习等方式，识记基本常识，理解基本原理，掌握常用方法，总结"四爱四护"规范。

（2）"四爱四护"编歌谣。为了便于人们掌握"四爱四护"知识，编写"四爱四护"顺口溜。

a. 爱牙护牙顺口溜：

小小牙齿用处大，吃饭说话都用它。
早晚刷牙3分钟，科学刷牙讲方法。
如果牙缝有异物，牙线要比牙签佳。
刷牙洗牙都要做，牙齿垃圾不会多。
牙痛难忍被虫蛀，病牙切忌轻易拔。
温水刷牙牙健康，凉水刷牙牙伤心。
餐后漱口少食甜，木糖可以防蛀牙。
一旦患过牙周病，定期口腔做检查。
乳牙早失生坏牙，儿童也应保护牙。
牙列不齐应矫治，不要错过最佳期。
保健牙膏保护牙，洁白美牙人人夸。

b. 爱耳护耳顺口溜：

耳朵长在头两旁，听音平衡它帮忙。
巨响张口捂住耳，噪音耳膜受损伤。
感冒不要吸鼻涕，戒烟戒酒炼身体。
手指按住一鼻孔，适宜用气擤鼻涕。
异物入耳科学取，不往耳朵放东西。
不挖耳、不揪耳，切莫随意洞穿耳。
庆大霉素慎使用，中毒耳聋难康复。
不要长期戴耳机，播放音量要适宜。
经常捏捏小耳垂，促进内耳血液流。
拇指食指揉耳屏，可防头晕多病症。
科学用耳防耳聋，爱耳护耳习惯成。

c. 爱鼻护鼻顺口溜：

鼻子呼吸主通道，保护鼻子很重要。
鼻毛具有多功能，太长难看剪外毛。
鼻子不净鼻孔痒，棉签蘸水洗鼻腔。
感冒鼻炎症状似，鼻科就诊定能知。
鼻涕有毒成分多，吞咽鼻涕不科学。
挖鼻子、揪鼻毛，此两习惯要戒掉。
洗脸洗手洗鼻孔，鼻子功能发挥好。
热水洗鼻伤鼻腔，冷水洗鼻鼻健康。
用嘴呼吸口干燥，牙列不齐鼻偏曲。
出鼻血时不仰头，前额后颈冷水拍。

捏紧双鼻擤鼻涕，涕易擤到中耳去。
擤出鼻涕带血丝，高度警惕癌咽鼻。

d. 爱眼护眼顺口溜：

好眼睛、亮晶晶，样样东西看得清。
讲卫生、手洗净，不用脏手揉眼睛。
眼疲劳、要远眺，定时要做眼保操。
读和写、坐姿正，光线适宜护眼睛。
眼到书本距一尺，胸离书桌拳一只。
走路坐车别看书，劳逸结合记心里。
眼内异物不要揉，清水冲洗眼医瞧。
电视电脑应少用，电磁伤脑眼不好。
视力下降过半年，眼轴变长恢复难。
预防在先不近视，球类运动眼有利。
轻度近视视远差，看远戴镜近摘下。
中高近视常戴镜，摘下眼镜度数加。
用眼卫生要牢记，睡眠质量需提高。

(3)"四爱四护"在校园。

a. 悬挂宣传横幅，张贴宣传画，制作宣传展板。

"四爱"科技小组在全国"爱牙日""爱耳日""爱鼻日""爱眼日"的前后一周内，在学校悬挂起醒目的横幅标语，以直观的形式提醒学生活动的主题，营造良好的"四爱"氛围。

在学校宣传栏内张贴形象生动的宣传画，让学生通过宣传画来识别牙、耳、鼻、眼的基本结构和特征，警示学生充分认识"四爱四护"的重要性。

制作工艺精美、图文并茂、内容详实的宣传展板（90 cm×120 cm），展示"四爱四护"的基本知识和方法，增强自我保护意识，提高学生防治疾病的能力。

b. 有声宣传、办板报专栏。

配合"四爱"科技活动，充分通过校园广播、国旗下演讲、手抄报等形式，大力开展"四爱四护"知识宣传。

办年级橱窗和班级黑板报，评比优秀板报专栏，大力普及"四爱四护"的基本常识，使学生了解"四爱"日的由来及"四爱四护"的重大意义。

c. 举办视频讲座。

"四爱四护"科技小组的同学们聘请医院专家，利用健康教育课时通过现场转播，为学生分别上爱牙护牙、爱耳护耳、爱鼻护鼻、爱眼护眼基本常识课，对学生进行专题教育。

d. 实施"四官"普查。

在"四爱四护"科技小组活动中，学校健康教育室医护人员分别为全校学生的牙、耳、鼻、眼进行全面普查，并将检查过程中发现的问题，及时通过书面形式告知

家长，提醒其到医院接受更系统的诊疗。

e. 策划主题班会。

根据活动内容，各科技小组分别拟定班会主题"健康口腔，关爱自己""减少噪声，保护听力""保持顺畅呼吸，摆脱鼻部困扰""预防近视，珍爱光明"，制定活动方案，深入到各班指导主题班会。

（4）"四爱四护"进社区。

四个科技小组的同学们，在全国"四爱"日的前后 1 周，利用中午和放学后的休息时间及周六周日，分别来到学校周边小区（长乐花园、长城花园、百花公寓、长安花园、南天大厦花园）、通家乐超市门前和荔园公园，向市民宣传"四爱四护"知识。

a. 发放宣传单。

将归纳的"四爱四护"基本常识和"四爱四护"顺口溜，制成《"四官"保健宣传单》，现场与市民互动，一边发放宣传资料，一边和市民交流探讨常用的"四爱"知识。例如，病牙该不该拔，为什么不能用棉花球清理耳垢，不正确擤鼻涕对耳朵有什么影响，如何正确挑选护眼灯？等等。帮助人们认识平时在"四护"方面的误区，学会正确的"四护"方法。

b. 展示宣传板。

宣传板是以问题的形式呈现知识。其中，《爱牙护牙宣传板》设计了 33 个问题，《爱耳护耳宣传板》设计了 42 个问题，《爱鼻护鼻宣传板》设计了 39 个问题，《爱眼护眼宣传板》设计了 36 个问题。对 150 个生活中常见的"四爱四护"方面的问题，予以通俗易懂解答。这种自问自答的设问形式，具有针对性和启发性，突出内容，引导思考，使读者有继续往下读的欲望，具有良好的宣传效果。

c. 设立咨询台。

设立咨询服务台，向市民分发宣传资料，现场提供义务咨询，讲解"四爱"方面的知识。对于不能回答的"疑难杂症"，则动员市民到正规医院咨询专家。

（5）"四爱四护"考考你。

举行"四爱四护"知识竞赛，奖励年级前十名，学生与家长一起讨论做题，既培训了家长，又提高了学生。

在全国"四爱"日，分别发放竞赛试卷。主题分别为：保健口腔，珍爱生命——爱牙知识考考你；预防耳聋，幸福人生——爱耳知识考考你；关注鼻子，拥有快乐——爱鼻知识考考你；科学用眼，健康成长——爱眼知识考考你。

试题分为选择题和判断题两种题型，试题内容是与日常生活结合紧密的易错易混知识，如清洗鼻子是用热水还是冷水好，看电视时是开灯还是不开灯对眼睛有利，等等。

四、活动收获

（1）以全国"爱牙日""爱耳日""爱鼻日""爱眼日"为契机，组织学生一方面宣传"四爱"知识，另一方面培养学生的社会实践能力。先后有78位学生利用节假日通过查阅资料、请教专家的方式学习"四爱"知识，开展科技实践活动。

（2）编写"四爱四护"顺口溜4首；发放"'四官'保健宣传单"6800余份；办"四爱四护"班级黑板报、年级专栏；制作宣传展板68块；举办视频讲座4次；开主题班会；设立咨询服务台4台次；对全校学生的牙、耳、鼻、眼进行了全面普查；悬挂宣传横幅8条次；张贴宣传画共长20米；参加"四爱四护"知识竞赛和学习的学生及家长近4000人次；接受宣传的市民有10000人次之多。

（3）学生在"四爱四护"科技实践活动中，感悟生命是宝贵的、生命是美好的，同时生命也是顽强的和伟大的。所以，我们要珍爱生命，憧憬未来，拥有健全的身心和美好的生活。

（4）《深圳晚报》《深圳商报》对四次活动分别进行了报道并给予了很高的评价，产生了良好的社会影响。

第五章　科技创新竞赛项目案例

第一节　青少年科技创新成果竞赛项目研究报告
——绿色环保烤烧炉

一、摘要

这种绿色环保烧烤炉包括双层炉体、烤炉支架、烧烤网、集烟罩、导烟管、净化箱、水雾净化层、活性炭净化层、合成纤维过滤网、离心风机、大主动轮、皮带、小从动轮、连杆、踏板、移动轮子等结构。

本发明的有益效果在于：该烧烤炉不仅能定向排烟，而且能净化烟雾，减少污染，有利于环境保护；离心风机的动力由人力提供，烧烤人可同时手脚并用，一边用手烧烤，一边用脚踩踏板提供动力；多种方式提供人力，既可坐着双脚踩踏板，又可站着两脚轮换单脚踩踏板，从而降低劳动强度，减少疲劳；利用炭火的额外热能给双层炉体中的水加热，形成水蒸气，再利用水蒸气净化烟雾，降低了净化成本；利用皮带传动，大大增加了风机的转速，使吸烟排气的效果更加理想；集烟罩能绕轴转动，根据自然风速上下调节集烟罩口，保证烟雾收入罩内，如果需要暂停烧烤，还可以放下集烟罩，扣在面板上，减缓木炭燃烧速度和烟雾排放。采用水雾、活性炭、合成纤维过滤网等三层净化，基本上完全吸附了烟雾中的有害物质。过滤网能自如插入和抽出箱体，清洗过滤网容易。烧烤炉四脚装有轮子，移动方便。

二、背景技术

有一次，我和爸爸去郊游吃烧烤，发现烧烤时会产生很多油烟，油烟四处弥漫，不仅呛人，而且污染环境。因此，我想设计一种由机械动力排烟并带净化装置的烧烤炉。

三、发明内容

本发明的目的在于解决烧烤时产生的大量油烟，因为油烟不仅四处弥漫呛人，而且污染环境。

该绿色环保烧烤炉包括双层炉体、烤炉支架、烧烤网、集烟罩、导烟管、净化箱、水雾净化层、活性炭净化层、合成纤维过滤网、离心风机、大主动轮、皮带、小从动轮、连杆、踏板、移动轮子,如图5-1、图5-2所示。

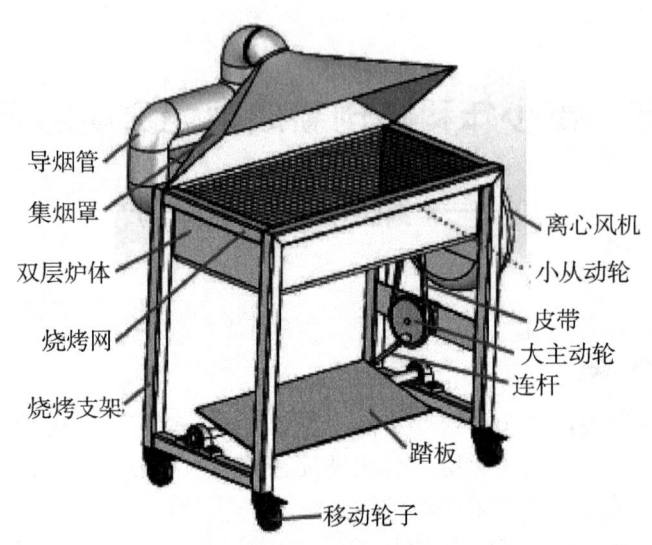

图5-1 环保烧烤炉正面

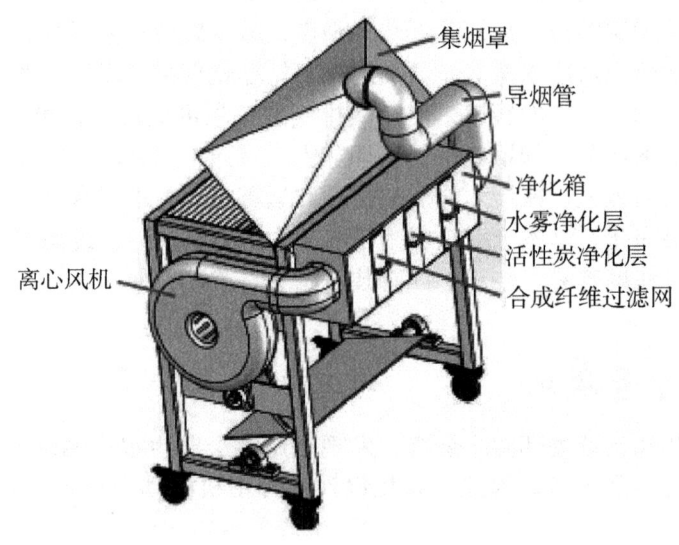

图5-2 环保烧烤炉背面

烤炉支架上方设有双层炉体,双层炉体的双层里有水。双层炉体上方设有烧烤网,双层炉体上开孔为注水口并加盖,双层炉体一侧外壁开孔连有水管,水管一端连接净化箱中的水雾净化层，烧烤网上设有集烟罩，集烟罩顶端设有导烟管，导烟管另一端与净化箱一侧相连通，净化箱另一侧与导烟管相连通，导烟管里设有离心风机，离心风机的轴上设有小从动轮，从动轮上套有皮带，皮带另一头套在大主动轮上，大主动轮与连杆连接，连杆与踏板连接，四个移动轮子安装在四个烧烤炉支架的脚上。

净化箱包括水雾净化层、活性炭净化层、合成纤维过滤网，过滤网水雾净化层、活性炭净化层、合成纤维过滤网能自如插入和抽出箱体。集烟罩能绕轴转动，上下调节。

四、有益效果

本发明的有益效果在于：

（1）不仅能定向排烟，而且能净化烟雾、减少污染，有利于环境保护。

（2）离心风机的动力由人力提供，烧烤人一边用手烧烤，一边用脚踩踏板提供动力。

（3）多种方式提供人力能量，既可坐着双脚踩踏板，又可站着两脚轮换单脚踩踏板，从而降低劳动强度，减少疲劳。

（4）先利用炭火的额外热能，给双层炉体中的水加热，形成水蒸气，再利用水蒸气净化烟雾，降低了净化成本。

（5）利用皮带传动，大大增加了风机的转速，使吸烟排气的效果更加理想。

（6）集烟罩能绕轴转动，上下调节。根据自然风速调节集烟罩口，确保烟雾收入罩内。如果需要暂停烧烤，还可以放下集烟罩，将其扣在面板上，减缓木炭燃烧速度和烟雾排放。

（7）采用水雾、活性炭、合成纤维过滤网三层净化装置，基本上能完全吸附烟雾中的有害物质。

（8）过滤网能自如插入和抽出箱体，清洗过滤网容易。

（9）烧烤炉四脚装有轮子，移动方便。

五、具体实施方式

如图5-1、图5-2所示，烤炉支架上方设有双层炉体，双层炉体的双层里有水，双层炉体上方设有烧烤网，双层炉体上开孔为注水口并加盖，双层炉体一侧外壁开孔连有水管，水管一端连接净化箱中的水雾净化层，烧烤网上设有集烟罩，集烟罩顶端设有导烟管，导烟管另一端与净化箱一侧相连通，净化箱另一侧与导烟管相连通，导烟管里设有离心风机，离心风机的轴上设有小从动轮，从动轮上套有皮带，皮带另一头套在大主动轮上，大主动轮与连杆连接，连杆与踏板连接，四个移动轮子安装在四个烧烤炉支架的脚上。

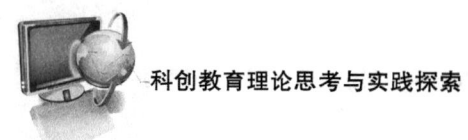

第二节 科技辅导员科技教育创新成果竞赛项目（科技制作）研究报告

一、摘要

在高中物理教材中，"平抛运动"既是教学重点，又是教学难点，还是高考必考章节。在课堂教学中，研究平抛运动的轨迹，分析平抛运动的特点，理解平抛运动的规律，仅仅依靠教师的理论讲解，学生很难融会贯通，必须亲自动手实验，从感性认识和理性认识两个方面探究平抛运动的规律，才能完全掌握该章节。所以，平抛运动的实验仪器显得尤为重要。平抛运动实验仪（图5-3），应用现代一体化计算机、显示屏和用户输入面板、网络高速摄像头模组，能持续获取小钢球平抛、自由落体的运动图像数据；还可以运用计算机视觉技术获得钢球运动的轨迹，在轨迹上任选一点，可以显示钢球的初速度、加速度、实时位移、实时坐标、实时速度、实时分速度、时间等相关物理量，并将钢球的运动过程及运动轨迹进行回放、倒放、慢放。该发明有利于学生理解钢球运动的特征，掌握平抛和自由落体之间的关联知识点和不同点，且实验效果直观、逼真，实验精度高、误差小。

图5-3 平抛运动实验仪实体

二、立项背景

在高中物理教学中，平抛运动既是高考重点，又是高考难点。学生要研究平抛运动的轨迹，分析平抛运动的特点，理解平抛运动的规律，仅仅依靠教师的理论讲解，很难融会贯通，必须通过实验，从感性认识和理性认识两个方面探究平抛运动的规律，才能达到将知识牢牢掌握的目的。

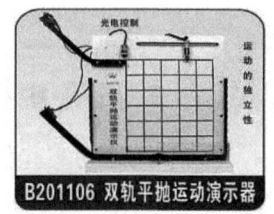

图 5-4 传统平抛运动演示器

首先我们分析了已实施的传统平抛实验。学校实验室配备的传统平抛运动实验器材如图 5-4 所示。该仪器采用钢球多次平抛复习纸打点法，显示一些固定的轨迹点，粗略的表示抛体的大致轨迹，不能形成一条完整的抛物曲线，且实验过程烦琐，实验误差极大，实验效果较差。

然后再分析传感器平抛实验。新教材的平抛运动实验，应用传感器和计算机描出做平抛运动物体的轨迹，进行以下探究，设计原理如图 5-5 所示。

物体 A 做平抛运动，它能够在竖直平面内向各个方向同时发射超声波脉冲和红外线脉冲。在它运动的平面内，安放着超声-红外接收装置 B。B 盒装有 B_1、B_2 两个超声-红外接收器，并与计算机相连。B_1、B_2 各自测出收到超声脉冲和红外线脉冲的时间差，并由此算出它们各自与物体 A 的距离。这两个距离确定之后，由于 B_1、B_2 两点的距离是已知的，因此物体 A 的位置就唯一地确定下来了。计算机可以即时给出 A 的坐标，画出物体 A 的运动轨迹。

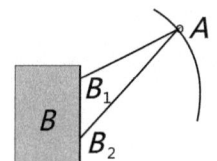

5-5 物体 A 做平抛运动

该平抛实验的缺点如下。

(1) 物体 A 结构复杂，制造麻烦，极易摔坏。物体 A 里要装灯，装电池，装红外线及超声波发射装置。在空中抛出后自由落下，物体 A 极易摔坏。

(2) 实验成功率打折扣。为了保证物体 A 发出的红外线及超声波被 B 接收，物体 A 必须定向发射红外线及超声波；为了保证定向发射，物体 A 并非球形，而是做成圆柱形且必须定向抛出，实验才能成功，这就使得实验成功率降低。

(3) 圆柱形物体 A 体积大，重量轻，定向抛出后受空气阻力影响极大，实验误差极大。

(4) 实验结果转移，实验效果不直观。物体 A 先在一块布屏前做平抛运动，然后把获得的抛体轨迹实验数据输入另一地方上的电脑，电脑屏幕上再显示物体 A 的运动轨迹图像。轨迹数据来源的真实性令人质疑。

(5) 做成教学仪器成本高。由于物体 A 和接收装置 B 结构精密复杂，又容易损坏，故生产成本高。

发明平抛运动实验仪，应用计算机视觉技术探究平抛运动的轨迹，能有效地规避以上传统平抛实验和传感器平抛实验的缺点，实验器材结构简单，实验效果直观有效。

三、项目优势

该平抛运动实验仪包括计算机、网络高速摄像头模组、显示屏和用户输入面板，其系统硬件结构如图5-6所示。

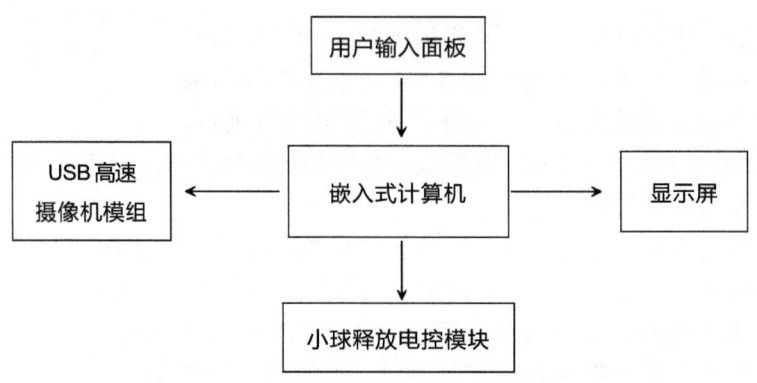

图5-6 平抛运动实验仪的系统硬件结构

小钢球在计算机显示屏前释放，钢球做平抛运动和自由落体运动，计算机通过高速摄像头模组拍摄钢球，持续获取钢球图像数据并运用计算机视觉技术获得钢球运动的轨迹，解算钢球的初速度、加速度、实时坐标、实时位移、实时速度、实时分速度、时间等相关物理量信息，并将相关物理量信息直接显示在显示屏上，方便观察实验相关数据，探究抛体运动的规律。

1. 计算机视觉技术

计算机视觉技术主要是使用视觉图像传感器和计算机来模拟实现人眼视觉的基本功能，即通过这种技术可以实现对外在世界实际场景的感知、采集、定位、辨识具体目标及解释理解等功能，能够对外在世界的实际场景和目标做出有意义的识别和判断。

2. 应用计算机视觉技术描出小钢球运动轨迹的优势

（1）仪器结构简单。小钢球作为抛体，结构单一，取材容易，摔不坏，体积小，重量大，受空气阻力影响小，实验误差小。

（2）数据获取容易。小钢球作为抛体，运用计算机和高速摄像头模组，容易获得初速度、加速度、实时坐标、实时位移、实时速度、实时分速度等相关物理量信息，并绘制出抛体的运动轨迹。

（3）实验效果逼真、直观。使用高速摄像头模组获取小钢球抛体运动的图像数据，传输至计算机，经视觉程序处理后，可在显示屏上直接实时显示抛体运动的轨迹。

（4）实验误差小。本项目采用现代高速摄像头模组，数据精确度高，实验误差小。

（5）仪器成本低。硬件结构简单，获取容易，做成实用的教学仪器成本低。

四、项目的研究内容、研究目标及解决的关键问题

1．项目的研究内容

（1）一体化计算机的系统搭建。
（2）网络高速摄像头模组和图像采集驱动与基本功能的调试。
（3）计算机视觉库的功能调试。
（4）一体化计算机系统使用高速摄像头模组对平抛运动图像数据的获取。
（5）小钢球平抛运动图像数据中抛体的识别与相关物理量信息解析算法的设计与实现。
（6）小钢球平抛相关物理量信息的显示功能设计与实现。
（7）用户交互等系统逻辑控制部分的功能设计与实现。
（8）系统整体功能设计与实现，具体包括以下几点。
（a）小钢球平抛的运动轨迹。
（b）小钢球平抛的轨迹是不是抛物线。
（c）小钢球平抛的初速度。
（d）小钢球平抛在任意点的瞬时速度及分速度。
（e）小钢球平抛在任意点时运动的位移、分位移和时间。
（f）小钢球平抛与自由落体小钢球运动的时间和速度规律。
（g）小钢球的运动过程及运动轨迹的回放、倒放、慢放。

2．研究目标及解决的关键问题

（1）抛体小钢球在竖直显示屏前运动时，在显示屏上留下痕迹，显示屏能实时显示小钢球的运动痕迹。
（2）小钢球抛体在运动过程中的识别与坐标等相关物理量的实时解算与显示。
（3）在小钢球平抛运动轨迹上任取一点，即可显示该点的时间、位移、速度、分位移、分速度等。
（4）在同时发生的平抛运动和小钢球自由落体运动轨迹上任取一点，即可显示该点的时间、速度、分速度等。

五、采取的研究方案及可行性分析

项目的研究核心主要包括小钢球运动图像数据的获取，在小钢球运动图像数据中小钢球的检测与坐标等相关物理量的解算，以及控制部分——一体化计算机系统软硬件功能的实现。各个部分的方案介绍如下。

（1）搭建一体化计算机系统和网络高速摄像头平台，调试相关图像采集及光源、焦距、采样帧率等。调试相关模块使高速摄像头模组和显示屏等部件正常工作，并初步实现小球运动过程中图像数据的获取。

（2）搭建视觉开发环境，对图像进行识别，初步实现对小钢球的检测与坐标等相关物理量的解算，并实现显示屏上小钢球坐标等相关信息的展示。

（3）系统整体功能的具体实现，并对整体系统进行测试，实现其在各种环境中都能满足小球的检测与初速度、加速度、实时坐标、实时速度、实时分速度等相关物理量的解算与展示的项目要求。

项目为满足小钢球的检测与初速度、加速度、实时坐标、实时速度、实时分速度等相关物理量信息的解算与展示需求，在设计上使用一体化计算机作为控制核心，使用网络高速摄像头模组采集小钢球图像数据。

系统开启后，小钢球运动，一体化计算机便借助网络高速摄像头模组读取小钢球运动的图像数据，同时通过计算机视觉库进行图像数据处理，解算出初速度、加速度、实时坐标、实时速度、实时分速度等相关物理量信息，并通过显示屏将小钢球轨迹和相关物理量实时显示在屏幕上，且将有关数据实时绘制成图表，方便观察实验相关数据。

 六、本项目的特色与创新之处

（1）实验操作简便。系统开启后，显示屏上能观察到抛体的运动轨迹，在轨迹上任选一点，可以显示该点的初速度、加速度、实时坐标、实时速度、实时分速度等相关物理量。无须手工测量与分析计算，省时省力，方便快捷。

（2）实验精度高。本系统使用现代高速摄像头模组，数据精确度远高于传统手工测量与传统二维运动传感器，实验误差小。

（3）实验效果逼真。小钢球抛体在显示屏前运动过程中，小钢球运动到哪里，显示屏上小钢球的运动轨迹就会显示到哪里，最终完整描出小钢球运动的轨迹。

（4）对抛体没有特殊材质要求。只需普通小钢球作为抛体即可进行实验，无技术要求。

（5）融入现代科技元素。改进后的实验器材融入了现代科技元素，系统主要靠软件支撑，整体硬件结构简单，操作简便，性价比高，效果良好。

（6）可以回放、倒放、慢放。将小钢球的运动过程及运动轨迹进行回放、倒放、

第五章 科技创新竞赛项目案例

慢放，学生可以更清楚的认识、理解抛体运动的特征，掌握平抛运动和自由落体运动之间的关联知识点和不同点，实验效果直观、逼真。

 七、项目的基本结构特征及工作流程

1. 基本结构特征

基于计算机视觉技术研究抛体运动的实验装置，包括底座、液晶显示屏、计算机、小球平抛装置、小球自由落体电磁体装置、小球斜抛装置、小球竖直上抛装置、小球测速装置、摄像头、输入面板、伸缩折叠杆等。

底座上设有液晶显示屏，液晶显示屏背面设有计算机，液晶显示屏左上角设有小球平抛装置，液晶显示屏右上角设有小球自由落体电磁体装置，液晶显示屏左下角设有小球斜抛装置，液晶显示屏右下角设有小球竖直上抛装置，底座上设有输入面板，底座上通过伸缩折叠杆连接有摄像头。

输入面板上从左到右依次设置有总开关、旋钮、主页键、功能键、菜单键、确认键和返回键。

小球平抛装置里有小球，小球平抛装置抛出口设有小球测速装置。小球自由落体电磁体装置下设有小球。小球斜抛装置里设有小球，小球斜抛装置抛出口设有小球测速装置。小球竖直上抛装置里设有小球，小球竖直上抛装置抛出口设有小球测速装置。

计算机分别通过导线电性连接在液晶显示屏、小球测速装置、摄像头、总开关、旋钮、主页键、功能键、菜单键、确认键和返回键上。

摄像头采用高速摄像头模组。其整体基本结构如图5-7所示。

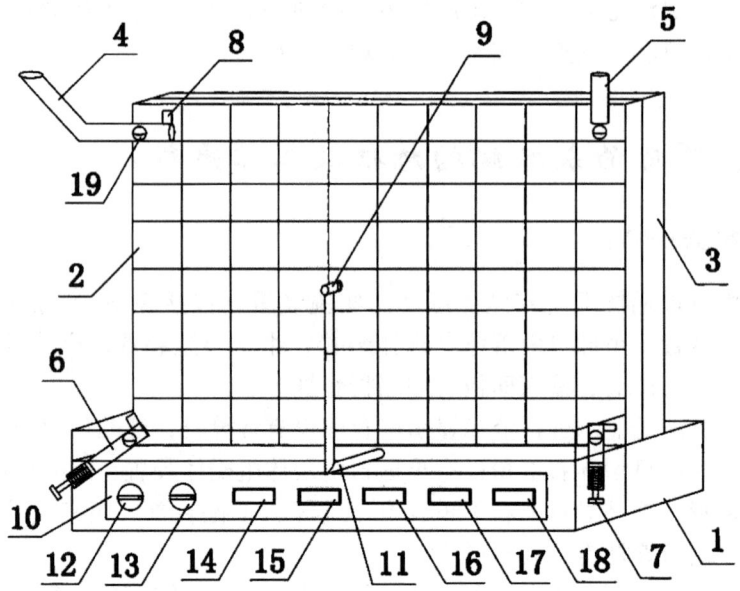

1—底座；2—液晶显示屏；3—计算机；4—小球平抛装置；5—小球自由落体电磁体装置；6—小球斜抛装置；7—小球竖直上抛装置；8—小球测速装置；9—摄像头；10—输入面板；11—伸缩折叠杆；12—总开关；13—旋钮；14—主页键；15—功能键；16—菜单键；17—确认键；18—返回键；19—小球。

图 5-7　实验装置的整体基本结构

2. 项目工作流程

用户通过总开关启动系统，计算机进入工作状态，液晶显示屏显示当前模式等状态信息，并通过用户输入面板接受用户输入，调整小球释放高度、释放方向、释放初速度等实验参数，实验参数设置完毕后，按下功能键开始实验。实验开始后，在小球测速装置的作用下，用户指定释放方向的小球被释放，通过相应释放装置和小球测速装置后抛出，此时计算机通过小球测速装置和摄像头获取小球初速度信息，并获取实验过程中小球的时间、位置信息，解算出显示坐标和显示器对应的坐标，计算初速度、加速度、实时坐标、实时速度、实时分速度、实时位移等相关物理量信息，同时将有关数据实时绘制成图表和轨迹，显示在液晶显示屏上。

实验结束后，用户可通过菜单键调出系统菜单，系统菜单具备轨迹回放、实验参数设置等功能选项，选择菜单中相应选项可进入相应的功能界面。进入轨迹回放功能后，系统切换至轨迹回放功能界面，此时屏幕上显示出本次实验中小球的运动轨迹，用户可通过菜单键呼出轨迹回放功能菜单，选择菜单中的相应选项启动时间点选择或坐标点选择等功能，并对旋钮进行旋转实现时间点或坐标点的调整。在调整过程中，系统可实时显示当前时间点或坐标点小球的速度、分速度、加速度等相关物理量信息。最后，用户可按下返回键返回上一级系统菜单或按下主页键返回至系统主页，进行新的实验。

第六章　撰写专利申请文件案例

第一节　实用新型专利申请文件

《一种电动机和发电机二机一体教学演示模型》申请文件示例

说明书摘要

　　本实用新型提供了一种电动机和发电机二机一体教学演示模型（图6-1），该模型包括底座、第一支盒、第二支盒、转轴组件、线圈、铜滑环、换向器、电刷、接线柱、灯带、流水灯、磁场模拟装置、蓄电池模型等。本实用新型的有益效果在于：利用直流电动机和交直流发电机在主要构造上完全相同，而能量转化、工作原理、定则使用等方面的知识正好相反，线圈上的电流及线圈转动规律有同有异等特点；利用"可视线"表示电流特征，用直射灯和雾模拟磁感线，学生可以在直观、形象、有趣的实验中，自然地将电动机和发电机的有关知识进行联想、对比探究，从而，轻松地理解电动机和发电机的知识要领，并掌握其知识规律。

摘要附图

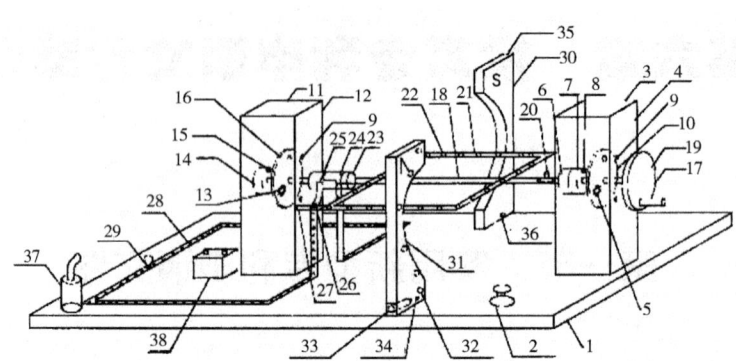

1—底座；2—变阻器；3—第一支盒；4—第一支盒主体；5—第一微电脑控制器；6—第一电池；7—电动机；8—第一位置传感器；9—识别凸点；10—第一方向转速传感器；11—第二支盒；12—第二支盒主体；13—第二微电脑控制器；14—第二电池；15—第二位置传感器；16—第二方向转速传感器；17—转轴组件；18—转轴；19—手柄；20—多档开关；21—线圈；22—流水灯；23—铜滑环；24—换向器；25—电刷；26—接线柱；27—滑槽；28—灯带；29—大灯泡；30—磁场模拟装置；31—N极磁铁；32—直射灯；33—电池；34—开关；35—S极磁铁；36—光电传感器；37—喷雾瓶；38—蓄电池模型。

图6-1 电动机和发电机二机一体教学演示模型

权利要求书

（1）电动机和发电机二机一体教学演示模型包括底座、第一支盒、第二支盒、转轴组件、线圈、铜滑环、换向器、电刷、接线柱、灯带、流水灯、磁场模拟装置、蓄电池模型等。底座上方分别设有第一支盒、第二支盒，第一支盒与第二支盒之间设有转轴组件，转轴组件上设有线圈，线圈一侧设有换向器，换向器两侧设有铜滑环，换向器下方设有电刷，电刷下方设有接线柱，接线柱下方连接有灯带，线圈两侧设有磁场模拟装置，第二支盒一侧设有蓄电池模型。

（2）第一支盒包括第一支盒主体、第一微电脑控制器、第一电池、电动机、第一位置传感器、第一方向转速传感器，第一支盒主体内设有第一微电脑控制器，第一微电脑控制器左侧设有第一电池，电动机位于第一支盒主体右上方，第一位置传感器位于第一支盒主体左上方，第一微电脑控制器、第一电池、电动机、第一位置传感器、第一方向转速传感器与转轴组件固定，第一位置传感器的两个识别凸点分别固定在第一支盒主体内壁上。

（3）第二支盒包括第二支盒主体、第二微电脑控制器、第二电池、第二位置传感器、第二方向转速传感器，第二支盒主体内设有第二微电脑控制器，第二微电脑控制器左侧设有第二方向转速传感器，第二电池位于第二支盒主体右上方，第二位置传感器位于第二支盒主体左上方，第二微电脑控制器、第二电池、第二位置传感器、第二方向转速传感器与转轴组件固定，第二位置传感器的两个识别凸点分别固定在第二支盒主体内壁上。

（4）线圈上设有若干个可模拟显示电流的流水灯。

（5）磁场模拟装置包括 N 极磁铁、S 极磁铁、喷雾瓶。其中，N 极磁铁上设有若干个直射灯，N 极磁铁下方设有电池，电池右侧设有开关；S 极磁铁下方设有光电传感器，光电传感器与微电脑控制器信号连接；喷雾瓶位于底座左侧。

（6）接线柱上设有滑槽。

（7）转轴组件包括转轴、手柄、多档开关，转轴一端连接有手柄，多档开关固定在转轴上。

（8）灯带为模拟可显示电流方向的灯带，灯带上设有若干个模拟电流方向的灯和一个大灯泡，大灯泡亮时有电流通过。

（9）底座上方设有变阻器。

说明书

电动机和发电机二机一体教学演示模型

【技术领域】

本实用新型专利涉及一种电动机和发电机工作原理的教具，该教具为电动机和发电机二机一体教学演示模型。

【背景技术】

在初中和高中的物理教材中，直流电动机和交直流发电机都是一个重要内容，有许多知识点，如结构特征、能量转化、工作原理、左手定则、右手定则、线圈上的电流特点、线圈转动规律等，这些知识内涵丰富，易错易混；而线圈上的电流又看不见，只能凭想象理解，很难形成感性认识，因此，学生学习起来，倍感困难。

【实用新型内容】

本实用新型专利的目的在于解决在初中和高中的物理教材中，直流电动机和交直流发电机知识内涵丰富，易错易混，而线圈上的电流又看不见，只能凭想象理解这一不足。

本实用新型通过以下技术方案来实现：该电动机和发电机二机一体教学演示模型，包括底座、第一支盒、第二支盒、转轴组件、线圈、铜滑环、换向器、电刷、接线柱、灯带、流水灯、磁场模拟装置、蓄电池模型等。底座上方分别设有第一支盒、第二支盒，第一支盒与第二支盒之间设有转轴组件，转轴组件上设有线圈，线圈一侧设有换向器，换向器两侧设有铜滑环，换向器下方设有电刷，电刷下方设有接线柱，接线柱下方连接有灯带，线圈两侧设有磁场模拟装置，第二支盒一侧设有蓄电池模型。

第一支盒包括第一支盒主体、第一微电脑控制器、第一电池、电动机、第一位置传感器、第一方向转速传感器，第一支盒主体内设有第一微电脑控制器，第一微电脑控制器左侧设有第一电池，电动机位于第一支盒主体右上方，第一位置传感器位于第一支盒主体左上方，第一微电脑控制器、第一电池、电动机、第一位置传感器、第一方向转速传感器与转轴组件固定，随转轴组件一起转动，第一位置传感器的两个识别凸点分别固定在第一支盒主体内壁上。

第二支盒包括第二支盒主体、第二微电脑控制器、第二电池、第二位置传感器、第二方向转速传感器，第二支盒主体内设有第二微电脑控制器，第二微电脑控制器左侧设有第二方向转速传感器，第二电池位于第二支盒主体右上方，第二位置传感器位于第二支盒主体左上方，第二微电脑控制器、第二电池、第二位置传感器、第二方向转速传感器与转轴组件固定，随转轴组件一起转动，第二位置传感器的两个识别凸点分别固定在第二支盒主体内壁上。

线圈上设有若干个可模拟显示电流的流水灯。

磁场模拟装置包括 N 极磁铁、S 极磁铁、喷雾瓶。其中，N 极磁铁上设有若干个直射灯，N 极磁铁下方设有电池，电池右侧设有开关；S 极磁铁下方设有光电传感器，光电传感器与微电脑控制器信号连接；喷雾瓶位于底座左侧。当直射灯打开时，喷雾瓶向 N 极磁铁和 S 极磁铁之间喷雾，显示光线，表示磁感线。

接线柱上设有滑槽。

转轴组件包括转轴、手柄、多档开关，转轴一端连接有手柄，多档开关固定在转轴上。

灯带为模拟可显示电流方向的灯带，灯带上设有若干个模拟电流方向的灯和一个大灯泡，大灯泡亮时有电流通过。

底座上方设有变阻器。

【附图说明】

图 6-1 为本实用新型电动机和发电机二机一体教学演示模型结构示意，请参考阅读。

【具体实施方式】

下面结合图 6-1 对本实用新型的具体实施方式做进一步描述。

该电动机和发电机二机一体教学演示模型，包括底座、第一支盒、第二支盒、转轴组件、线圈、铜滑环、换向器、电刷、接线柱、灯带、流水灯、磁场模拟装置、蓄电池模型等。底座上方分别设有第一支盒、第二支盒，第一支盒与第二支盒之间设有转轴组件，转轴组件上方设有线圈，线圈左侧设有铜滑环，铜滑环左侧设有换向器，换向器下方设有电刷，电刷下方设有接线柱，接线柱下方连接有灯带，线圈两侧设有磁场模拟装置，第二支盒一侧设有蓄电池模型。

第一支盒包括第一支盒主体、第一微电脑控制器、第一电池、电动机、第一位置传感器、第一方向转速传感器。第一支盒主体内设有第一微电脑控制器，第一微电脑控制器左侧设有第一电池，电动机位于第一支盒主体右上方，第一位置传感器位于第一支盒主体左上方，第一微电脑控制器、第一电池、电动机、第一位置传感器、第一方向转速传感器与转轴组件固定，随转轴组件一起转动，第一位置传感器的两个识别凸点分别固定在第一支盒主体内壁上。

第二支盒包括第二支盒主体、第二微电脑控制器、第二电池、第二位置传感器、第二方向转速传感器。第二支盒主体内设有第二微电脑控制器，第二微电脑控制器左侧设有第二方向转速传感器，第二电池位于第二支盒主体右上方，第二位置传感器位于第二支盒主体左上方，第二微电脑控制器、第二电池、第二位置传感器、第二方向转速传感器与转轴组件固定，随转轴组件一起转动，第二位置传感器的两个识别凸点分别固定在第二支盒主体内壁上。

线圈上布设有若干个可模拟显示电流的流水灯。

磁场模拟装置包括 N 极磁铁、S 极磁铁、喷雾瓶。其中，N 极磁铁上设有若干个直射灯，N 极磁铁下方设有电池，电池右侧设有开关；S 极磁铁下方设有光电传感器，光电传感器与微电脑控制器信号连接；喷雾瓶位于底座左侧。当直射灯打开时，喷雾瓶向 N 极磁铁、S 极磁铁之间喷雾，显示光线，表示磁感线。

接线柱上设有滑槽。

转轴组件包括转轴、手柄、多档开关，转轴一端连接有手柄，多档开关固定在转轴上。

灯带为模拟可显示电流方向的灯带，灯带上设有若干个模拟电流方向的灯和一个大灯泡，大灯泡亮时有电流通过。

底座上方设有变阻器。

根据说明书，本实用新型所属领域的技术人员还可以对上述实施方式进行适当地变更和修改。因此，本实用新型并不局限于以上描述的具体实施方式，对本实用新型的一些修改和变更也应当落入本实用新型的权利要求保护范围内。此外，尽管本说明书中使用了一些特定的术语，但这些术语只是为了方便说明，并不对本实用新型构成任何限制。

说明书附图

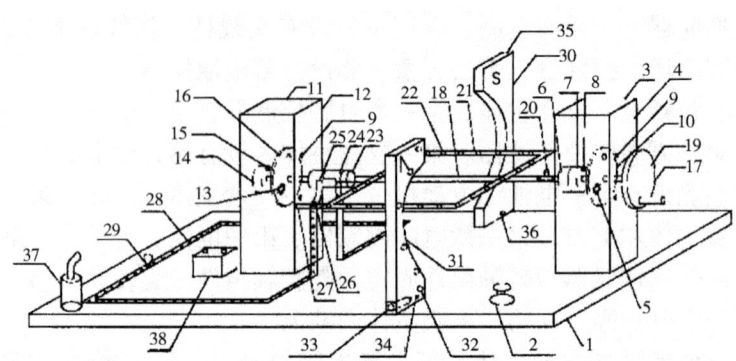

1—底座；2—变阻器；3—第一支盒；4—第一支盒主体；5—第一微电脑控制器；6—第一电池；7—电动机；8—第一位置传感器；9—识别凸点；10—第一方向转速传感器；11—第二支盒；12—第二支盒主体；13—第二微电脑控制器；14—第二电池；15—第二位置传感器；16—第二方向转速传感器；17—转轴组件；18—转轴；19—手柄；20—多档开关；21—线圈；22—流水灯；23—铜滑环；24—换向器；25—电刷；26—接线柱；27—滑槽；28—灯带；29—大灯泡；30—磁场模拟装置；31—N极磁铁；32—直射灯；33—电池；34—开关；35—S极磁铁；36—光电传感器；37—喷雾瓶；38—蓄电池模型。（专利申请文件中须在摘要部分和说明书部分附图，故二次重复附图。余处用法同此。）

图 6-1　电动机和发电机二机一体教学演示模型

第二节 外观设计专利申请文件

《一种电子蜡烛》（歪焰尖）申请文件示例

外观专利产品展示

电子蜡烛（图6-2）的外观设计简要说明：
(1) 外观设计产品的名称：电子蜡烛（歪焰尖）。
(2) 外观设计产品的用途：用于研究平面镜成像的特点。
(3) 外观设计产品的设计要点：产品模仿蜡烛火焰的烛焰的焰尖是歪的。
(4) 最能表明设计要点的图片或照片：图6-2中的立体图。

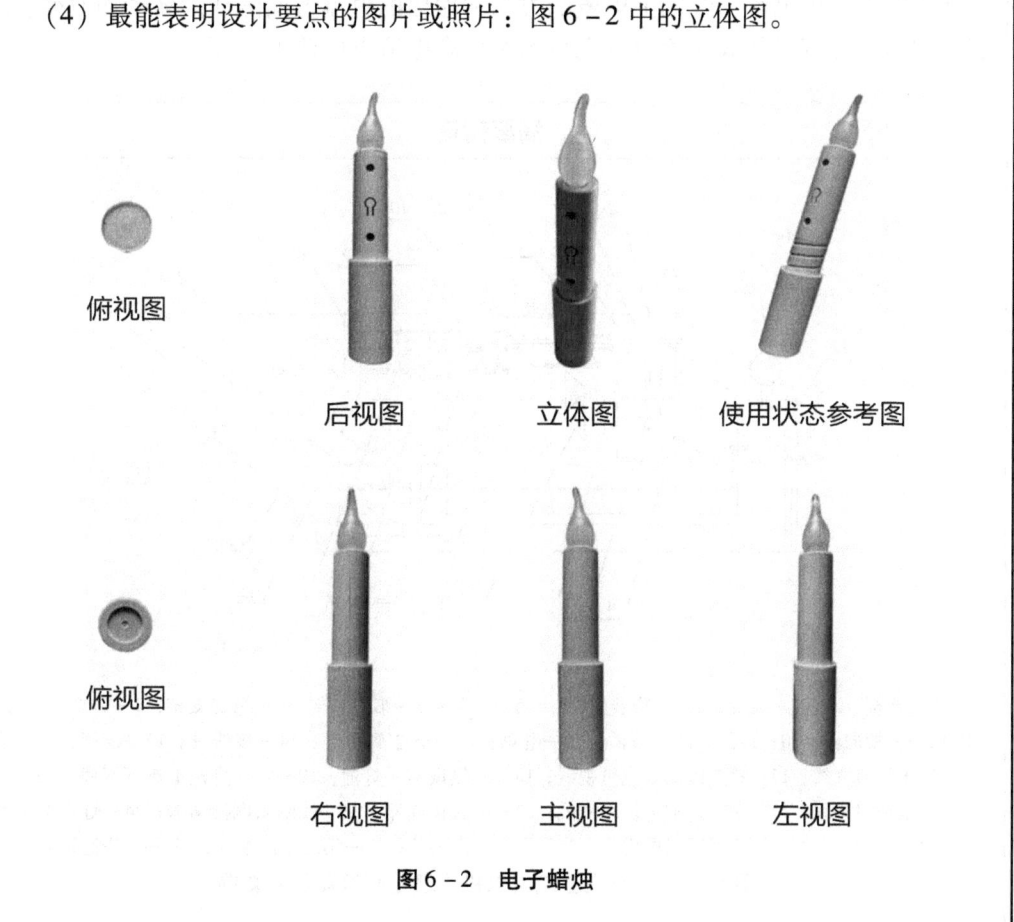

图6-2 电子蜡烛

第三节　发明专利申请文件

《一种交直流发电机原理全面解释示教装置》申请文件示例

说明书摘要

本发明提供了一种交直流发电机原理全面解释示教装置，该装置包括绝缘基板、演示装置、内隐装置，绝缘基板上设有演示装置，演示装置右侧设有内隐装置。本发明的有益效果在于：线圈在磁场中做切割磁感线转动时，能用肉眼直接观察到线圈上产生电流、线圈上电流的方向和输出的电流方向随线圈转动而改变，这能帮助学生更容易掌握交直流发电机的原理和电流方向改变的规律。

摘要附图

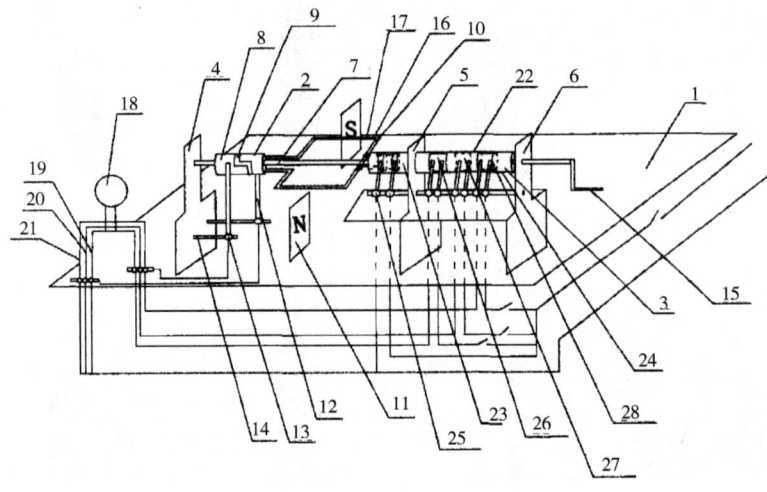

1—绝缘基板；2—演示装置；3—内隐装置；4—第一支架；5—第二支架；6—第三支架；7—转轴；8—铜滑环；9—换向器；10—线圈；11—磁铁；12—电刷；13—小金属滑环；14—接线柱；15—摇柄；16—第一线圈电流可视线；17—第二线圈电流可视线；18—左侧设有一灯泡；19—第一灯泡电流可视线；20—第二灯泡电流可视线；21—第三灯泡电流可视线；22—电流换向器；23—线圈供电换向器；24—灯泡电流可视线供电换向器；25—两个线圈供电电刷；26—第一金属触片；27—第二金属触片；28—第三金属触片。

图 6-3　一种交直流发电机原理全面解释示教装置

权利要求书

　　该交直流发电机原理全面解释示教装置包括绝缘基板、演示装置、内隐装置，绝缘基板上设有演示装置，演示装置右侧设有内隐装置。

　　演示装置包括第一支架、第二支架、第三支架、转轴、换向器、铜滑环、线圈、磁铁、电刷、小金属滑环、接线柱等。第一支架、第二支架、第三支架上方穿过有一转轴，转轴的右端连有一摇柄，第一支架的右侧转轴上设有一换向器和铜滑环，换向器和铜滑环右端连有一线圈，线圈分别安装有两条相反第一线圈电流可视线及第二线圈电流可视线，第一支架设有两个接线柱，接线柱上套有小金属滑环，小金属滑环上设有电刷，电刷分别与换向器或铜滑环相连。在第一支架左侧设有一灯泡，灯泡连有第一灯泡电流可视线、第二灯泡电流可视线、第三灯泡电流可视线，三条灯泡电流可视线分别与灯泡火线接线柱与灯泡零线接线柱相连。第一支架上的两个接线柱分别通过绝缘线与灯泡火线接线柱与灯泡零线接线柱相连，演示装置只是起演示的作用，本身不产生电流。

　　内隐装置包括电流换向器。电流换向器包括线圈供电换向器、灯泡及灯泡电流可视线供电换向器。线圈供电换向器为圆柱形，位于线圈右侧套合在转轴上，线圈供电换向器侧壁上设有两条竖形的金属触片，线圈供电换向器对面的侧壁上也设有两条竖形的金属触片，金属触片之间相互绝缘。两条竖形的金属触片下方设有两个线圈供电电刷，两个线圈供电电刷分别与外接的 220 V 电压的火线、零线相连，线圈上的第一线圈电流可视线分别与两条竖形的金属触片相连，第二线圈电流可视线分别与对面的两条竖形的金属触片相连，外接的 220 V 电源可以给第一线圈电流可视线供电，可以看见可视线中电流的方向。

　　灯泡及灯泡电流可视线供电换向器为圆柱形，位于第二支架及第三支架之间。灯泡及灯泡电流可视线供电换向器左端的侧壁上设有第一金属触片，第一金属触片下方设有两个第一灯泡供电电刷，两个第一灯泡供电电刷串联在外接的 220 V 电源火线上并与第一灯泡电流可视线电连接。第二金属触片位于灯泡供电换向器背面与第一金属触片错开，第二金属触片侧面设有两个第二灯泡供电电刷，两个第二灯泡供电电刷串联在外接的 220 V 电源火线上并与第二灯泡电流可视线电连接。第三金属触片位于第二金属触片右侧，第三金属触片是正反面对应的两块金属片，其下方设有两个第三灯泡供电电刷，两个第三灯泡供电电刷串联在外接的 220 V 电源火线上并与第三灯泡电流可视线电连接。

　　在交流发电状态将第一支架上的电刷移至与两个铜滑环接触。接通电源后，摇动摇柄，第一线圈电流可视线点亮，可以看见线圈内电流的方向，外接电源通过第一金属触片将第一灯泡电流可视线电连接，灯泡点亮，第一灯泡电流可视线点亮，可以看见第一灯泡电流可视线内的电流方向，继续摇动摇柄使得线圈与磁铁垂直

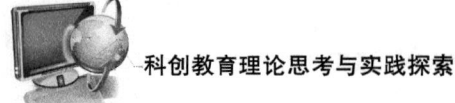

时,线圈中电流可视线熄灭。

灯泡熄灭,灯泡电流可视线均熄灭,说明此时没有电流产生。当继续旋转后,第一线圈电流可视线熄灭,第二线圈电流可视线点亮,可以看见线圈内电流的方向与之前相反。外接电源通过第二金属触片将第二灯泡电流可视线电连接,灯泡点亮,第一灯泡电流可视线熄灭,第二灯泡电流可视线点亮,可以看见第二灯泡电流可视线内的电流方向与之前的方向相反。

在直流发电状态,将第一支架上的电刷移至与两个换向器接触,关闭第一灯泡供电刷及第二灯泡供电刷的电源,打开第三灯泡供电刷的电源,摇动摇柄,可以看到线圈中电流的方向跟交流电时一致,第三灯泡电流可视线点亮,灯泡电流可视线的电流方向只朝一个方向流动。

说明书

【技术领域】

本发明涉及一种交直流发电机原理的演示装置,该装置为交直流发电机原理全面解释教学用的示教装置。

【背景技术】

在中学物理课程中,"交直流发电机的工作原理"是一个重要内容。学生对交流发电机和直流发电机的构造和原理理解困难,尤其对电流方向改变的规律理解困难。在利用现有发电机的模型演示其原理时,学生因看不见摸不着电流及电流方向的变化,只能听老师讲授,凭想象理解,不能形成感性认识,导致教学效果平平。

如果能设计出线圈在磁场中做切割磁感线转动时,学生用肉眼直接观察到线圈上产生电流、线圈上电流的方向和输出的电流方向随线圈转动而改变的装置,那么学生将更容易掌握交直流发电机的原理和电流方向改变的规律。

【发明内容】

本发明的目的在于解决目前利用现有发电机的模型演示该原理时,学生因看不见摸不着电流及电流方向的变化,只能听老师讲授,凭想象理解,不能形成感性认识,导致教学效果平平这一问题。

发明是通过以下技术方案来实现的:该交直流发电机原理全面解释示教装置包括绝缘基板、演示装置、内隐装置,绝缘基板上设有演示装置,演示装置右侧设有内隐装置。

演示装置包括第一支架、第二支架、第三支架、转轴、换向器、铜滑环、线圈、磁铁、电刷、小金属滑环、接线柱等。第一支架、第二支架、第三支架上方穿过有一转轴，转轴的右端连有一摇柄，第一支架的右侧转轴上设有一换向器和铜滑环，换向器和铜滑环右侧连有一线圈，线圈分别安装有两条相反第一线圈电流可视线及第二线圈电流可视线，第一支架设有两个接线柱，接线柱上套有小金属滑环，小金属滑环上设有电刷，电刷分别与换向器或铜滑环相连。在第一支架左侧设有一灯泡，灯泡连有第一灯泡电流可视线、第二灯泡电流可视线、第三灯泡电流可视线，三条灯泡电流可视线分别与灯泡火线接线柱与灯泡零线接线柱相连，第一支架上的两个接线柱分别通过绝缘线与灯泡火线接线柱与灯泡零线接线柱相连。演示装置只是起演示的作用，本身不产生电流。

内隐装置包括电流换向器。电流换向器包括线圈供电换向器、灯泡电流可视线供电换向器。线圈供电换向器为圆柱形，位于线圈右侧套合在转轴上，线圈供电换向器侧壁上设两条竖形的金属触片，线圈供电换向器对面的侧壁上也设有两条竖形的金属触片，金属触片之间相互绝缘。两条竖形的金属触片下方设有两个线圈供电电刷，两个线圈供电电刷分别与外接的 220 V 电压的火线、零线相连，线圈上的第一线圈电流可视线分别与两条竖形的金属触片相连，第二线圈电流可视线分别与对面的两条竖形的金属触片相连，外接的 220 V 电源可以给第一线圈电流可视线和第二线圈电流可视线分别供电，可以看见可视线中电流的方向。

灯泡电流可视线供电换向器为圆柱形，位于第二支架及第三支架之间。灯泡电流可视线供电换向器左端的侧壁上设有第一金属触片，第一金属触片下方设有两个第一灯泡供电电刷，两个第一灯泡供电电刷串联在外接的 220 V 电源火线上并与第一灯泡电流可视线电连接。第二金属触片位于灯泡电流可视线供电换向器背面与第一金属触片错开，第二金属触片侧面设有两个第二灯泡供电电刷，两个第二灯泡供电电刷串联在外接的 220 V 电源火线上并与第二灯泡电流可视线电连接。第三金属触片位于第二金属触片右侧，第三金属触片是正反面对应的两块金属片，第三金属触片下方设有两个第三灯泡供电电刷，两个第三灯泡供电电刷串联在外接的 220 V 电源火线上并与第三灯泡电流可视线电连接。

在交流发电状态，将第一支架上的电刷移至与两个铜滑环接触。接通电源后，摇动摇柄，第一线圈电流可视线点亮，可以看见线圈内电流的方向，外接电源通过第一金属触片将第一灯泡电流可视线电连接，灯泡点亮，第一灯泡电流可视线点亮，可以看见第一灯泡电流可视线内的电流方向。继续摇动摇柄使得线圈与磁铁垂直时，线圈中电流可视线熄灭，灯泡熄灭，灯泡电流可视线均熄灭，说明此时没有电流产生。当继续旋转后，第一线圈电流可视线熄灭，第二线圈电流可视线点亮，可以看见线圈内电流的方向与之前相反，外接电源通过第二金属触片将第二灯泡电流可视线电连接，灯泡点亮，第一灯泡电流可视线熄灭，第二灯泡电流可视线点亮，可以看见第二灯泡电流可视线内的电流方向与之前的方向相反。

在直流发电状态，将第一支架上的电刷移至与换向器接触。关闭第一灯泡供电刷及第二灯泡供电刷的电源，打开第三灯泡供电刷的电源，摇动摇柄，可以看到线圈中电流的方向跟交流电流一致，第三灯泡电流可视线点亮，灯泡电流及可视线的电流方向只朝一个方向流动。

本发明的有益效果在于：线圈在磁场中做切割磁感线转动时，能用肉眼直接观察到线圈上产生的电流、线圈上电流的方向和输出的电流方向随线圈转动而改变，这能帮助学生更容易掌握交直流发电机的原理和电流方向改变的规律。

【附图说明】

图6-3为交直流发电机原理全面解释示教装置的结构示意，请参考阅读。

【具体实施方式】

下面结合图6-3对本发明的具体实施方式做进一步阐述。

本交直流发电机原理全面解释示教装置包括绝缘基板、演示装置、内隐装置，绝缘基板上设有演示装置，演示装置右侧设有内隐装置。

演示装置包括第一支架、第二支架、第三支架、转轴、铜滑环、换向器、线圈、磁铁、电刷、小金属滑环、接线柱等。第一支架、第二支架、第三支架上方穿过有一转轴，转轴的右端连有一摇柄。第一支架的右侧转轴上设有一铜滑环、换向器，换向器和铜滑环右侧连有一线圈，线圈分别安装有两条相反第一线圈电流可视线及第二线圈电流可视线，第一支架设有两个接线柱，接线柱上套有小金属滑环，小金属滑环上设有电刷，电刷分别与铜滑环或换向器接触。在第一支架左侧设有一灯泡，灯泡连有第一灯泡电流可视线、第二灯泡电流可视线、第三灯泡电流可视线，三条灯泡电流可视线分别与灯泡火线接线柱与灯泡零线接线柱相连，第一支架上的两个接线柱分别通过绝缘线与灯泡火线接线柱与灯泡零线接线柱相连，演示装置只是起演示的作用，本身不产生电流。

内隐装置包括电流换向器。电流换向器包括线圈供电换向器、灯泡电流可视线供电换向器。线圈供电换向器为圆柱形，位于线圈右侧套合在转轴上，线圈供电换向器侧壁上设有两条竖形的金属触片，线圈供电换向器的对面的侧壁上也设有两条竖形的金属触片，金属触片之间相互绝缘。两条竖形的金属触片下方设有两个线圈供电电刷，两个线圈供电电刷分别与外接的220 V电压的火线、零线相连，线圈上的第一线圈电流可视线分别与两条竖形的金属触片相连，第二线圈电流可视线分别与对面的两条竖形的金属触片相连，外接的220 V电源可以给第一线圈电流可视线和第二线圈电流可视线分别供电，可以看见可视线中电流的方向。

灯泡电流可视线供电换向器为圆柱形，位于第二支架及第三支架之间。灯泡电流可视线供电换向器左端的侧壁上设有第一金属触片，第一金属触片下方设有两个第一灯泡供电电刷，两个第一灯泡供电电刷串联在外接的220 V电源火线上并与第一灯泡电流可视线电连接。第二金属触片位于灯泡电流可视线供电换向器背面与第一金属触片错开，第二金属触片侧面设有两个第二灯泡供电刷，两个第二灯泡供电刷串联在外接的 220 V 电源火线上并与第二灯泡电流可视线电连接。第三金属触片位于第二金属触片右侧，第三金属触片是正反面对应的两块金属片，第三金属触片下方设有两个第三灯泡供电刷，两个第三灯泡供电刷串联在外接的 220 V 电源火线上并与第三灯泡电流可视线电连接。

在交流发电状态，演示将第一支架上的电刷移至与两个铜滑环接触。接通电源后，摇动摇柄，第一线圈电流可视线点亮，可以看见线圈内电流的方向，外接电源通过第一金属触片将第一灯泡电流可视线电连接，灯泡点亮，第一灯泡电流可视线点亮，可以看见第一灯泡电流可视线内的电流方向。继续摇动摇柄使得线圈与磁铁垂直时，线圈中电流可视线熄灭，灯泡熄灭，灯泡电流可视线均熄灭，说明此时没有电流产生。当继续旋转后，第一线圈电流可视线熄灭，第二线圈电流可视线点亮，可以看见线圈内电流的方向与之前相反，外接电源通过第二金属触片将第二灯泡电流可视线电连接，灯泡点亮，第一灯泡电流可视线熄灭，第二灯泡电流可视线点亮，可以看见第二灯泡电流可视线内的电流方向与之前的方向相反。

在直流发电状态，演示将第一支架上的电刷移至与换向器接触。关闭第一灯泡供电刷及第二灯泡供电刷的电源，打开第三灯泡供电刷的电源，摇动摇柄，可以看到线圈中电流的方向跟交流电流一致，第三灯泡电流可视线点亮，灯泡与可视线的电流方向只朝一个方向流动。

根据说明书，发明所属领域的技术人员还可以对上述实施方式进行适当地变更和修改。因此，发明并不局限于上面揭示和描述的具体实施方式，对发明的一些修改和变更也应当落入发明的权利要求保护范围内。此外，尽管说明书中使用了一些特定的术语，但这些术语只是为了方便说明，并不对本发明构成任何限制。

说明书附图

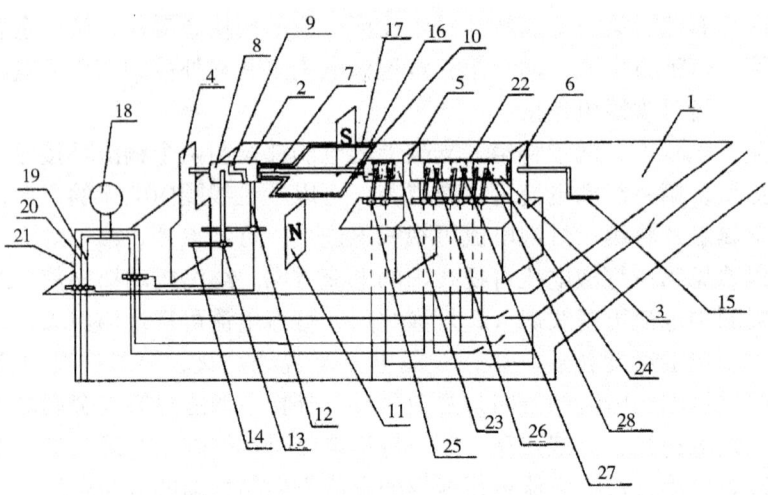

1—绝缘基板；2—演示装置；3—内隐装置；4—第一支架；5—第二支架；6—第三支架；7—转轴；8—铜滑环；9—换向器；10—线圈；11—磁铁；12—电刷；13—小金属滑环；14—接线柱；15—摇柄；16—第一线圈电流可视线；17—第二线圈电流可视线；18—左侧设有一灯泡；19—第一灯泡电流可视线；20—第二灯泡电流可视线；21—第三灯泡电流可视线；22—电流换向器；23—线圈供电换向器；24—灯泡电流可视线供电换向器；25—两个线圈供电电刷；26—第一金属触片；27—第二金属触片；28—第三金属触片。

图6-3 一种交直流发电机原理全面解释示教装置